Table of Co...

Answer Key is in the middle of the book.

0-88012-994-8

Avoir (ah-vwahr)
To have

Avoir (to have) is an important irregular verb.

j'	**ai**	nous	**avons**
tu	**as**	vous	**avez**
il/elle	**a**	ils/elles	**ont**

Avoir is usually followed by a noun.

> **Examples:** J'ai **une radio.**
> Il a **un chien.**

Note: When the noun following **avoir** is plural, don't forget to use **des**.

> **Example:** Est-ce que vous avez **des livres?**

Use the pictures to help you tell who has what.

1. **J'** _____

2. **Marc** _____

3. **Vous** _____

4. **Nous** _____

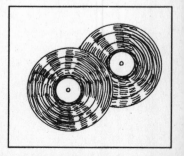

5. **Tu** _____

6. **Annick et Olivier** _____

7. **J'**_____

8. **Mr. DuPont**_____

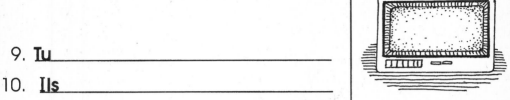

9. **Tu**_____

10. **Ils**_____

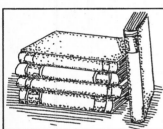

11. **Vous**_____

12. **Renée**_____

13. **Madame Leclerc**_____

14. **Nous**_____

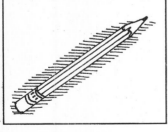

15. **Il**_____

16. **Tu**_____

17. **Elles**_____

18. **Elle**_____

3

0-88012-994-8

Est-ce que tu as . . . ?

Do you have . . . ?

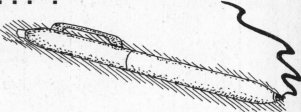

When **avoir** is used in the negative, the indefinite article (un, une, des) becomes **de** or **d'**.

J'ai une radio.	→	**Je n'ai pas de radio.**
J'ai un ami.	→	**Je n'ai pas d'ami.**
Tu as des chiens.	→	**Tu n'as pas de chiens.**

Remember: **Nous** and **je** answer **vous**, and **je** answers **tu**.

Répondez aux questions.

1. **Est-ce que tu as une moto?**

   Non, _____

2. **Est-ce que Marc a un chien?**

   Oui, _____

3. **Est-ce que vous avez des stylos?**

   Non, nous _____

4. **Qu'est-ce que Paul a?** (des disques)

   _____

5. **Qu'est-ce que vous avez?** (un frère)

   J' _____

6. **Est-ce qu'elle a des voitures?**

   Non, _____

7. **Qu'est-ce qu'ils ont?** (une guitare)

_____

8. **Qu'est-ce qu'elle a?** (un cahier)

_____

9. **Est-ce qu'il a une maison?**

Non, _____

10. **Est-ce que tu as une moto?**

Oui, _____

11. **Qu'est-ce que vous avez?** (des fruits)

Nous _____

12. **Est-ce que Mr. Beauclerc a une voiture?**

Oui, _____

13. **Est-ce que Renée a des livres?**

Non, _____

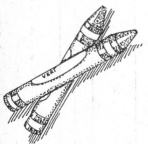

14. **Qu'est-ce que Didier et Olivier ont?**
(une guitare)

_____

15. **Qu'est-ce que tu as?** (des crayons)

_____

Did you know . . .
that in France you are allowed to take dogs in many restaurants?

0-88012-994-8

Voilà la Maison de M. et Mme. Calvez

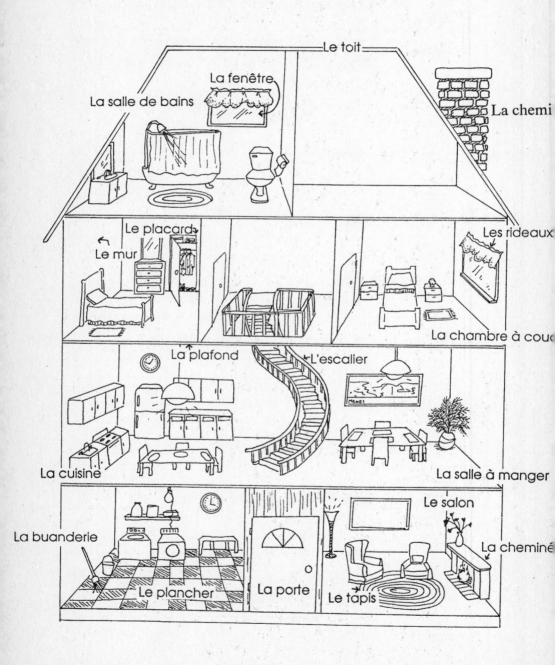

Le toit

La fenêtre

La salle de bains

La chemi

Le placard

Les rideaux

Le mur

La chambre à couc

Le plafond

L'escalier

La cuisine

La salle à manger

Le salon

La buanderie

La chemin

Le plancher

La porte

Le tapis

Répondez aux questions. (Change the words in English to French.)

Est-ce que Mr. et Mme. Calvez ont **a kitchen**?

Oui, Mr. et Mme. Calvez ont une cuisine.

1. Est-ce qu'ils ont deux **bedrooms**?

   _____

2. Est-ce que la maison a **stairs**?

   _____

3. Est-ce que Madame Calvez **curtains** dans une chambre à coucher? _____

   _____

4. Est-ce que la maison a **a bathroom**?

   _____

5. Est-ce que Madame Calvez a **a dining room**?

   _____

6. Est-ce que Mr. Calvez a **a utility room**?

   _____

7. Est-ce que les Calvez ont **a closet** dans une chambre à coucher?_____

   _____

8. Est-ce qu'ils ont **a chimney** sur **the roof**?

   _____

9. Est-ce qu'ils ont **rug** dans **the living room**?

   _____

La Famille Leclerc

(M. et Mme Leclerc, Renée et Paul)

Répondez aux questions.

1. **Est-ce que Marc Leclerc a un chien?**

   _____

2. **Qu'est-ce que Renée a?** (une chatte)

   _____

3. **Est-ce que M. et Madame Leclerc ont une cuisine?**

   _____

4. **Est-ce que M. et Madame Leclerc ont trois enfants?**

   _____

5. **Qu'est-ce que la famille a dans le salon?**

   _____

0-88012-994-8

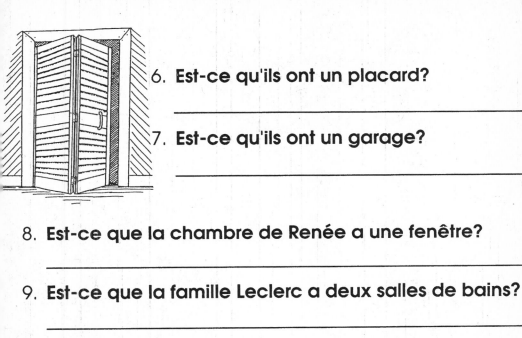

6. **Est-ce qu'ils ont un placard?**

   _____

7. **Est-ce qu'ils ont un garage?**

   _____

8. **Est-ce que la chambre de Renée a une fenêtre?**

   _____

9. **Est-ce que la famille Leclerc a deux salles de bains?**

   _____

10. **Est-ce qu'ils ont un toit?**

    _____

Ask the Leclercs if they have the following.
(Use **Est-ce que**).

1. a fireplace _____
2. a chimney _____
3. a house _____
4. stairs _____
5. curtains _____
6. a door _____

Did you know . . .
that France is the largest country of Western Europe?

 0-88012-994-8

La Cuisine

Le four à micro-ondes

La congélateur

Le robinet

L'évier

Le comptoir

La cuisinié

Le réfrigérateur

Le four

Le lave vaisselle

Répondez aux questions.

1. **Est-ce que la famille Dupont a une cuisinière?**

   _____

2. **Est-ce qu'ils ont un réfrigérateur?**

   _____

3. **Est-ce qu'ils ont un chien?**

   _____

4. **Est-ce que Madame Dupont a un bébé?**

   _____

5. **Est-ce que le bébé a une petite radio?**

   _____

0-88012-994-8

6. **Est-ce que Madame Dupont a un four à micro-ondes?**

_____

7. **Est-ce que la famille a une table?**

_____

8. **Est-ce que Madame Dupont a un congélateur?**

_____

Écrivez les questions et les réponses à Madame Dupont.

Do you have an oven?

Est-ce que vous avez un four?

Oui, j'ai un four.

1. **Do you have a dishwasher?**

_____

_____

2. **Do you have a faucet?**

_____

_____

3. **Do you have a sink?**

_____

_____

4. **Do you have a counter?**

_____

_____

0-88012-994-8

Quel âge avez-vous?
How old are you?

The verb **avoir** is used to express age.

Quel âge avez-vous? (How old are you?)
J'ai vingt-huit ans. (I am 28.)

Quel âge as-tu? J'ai dix-huit ans.
Quel âge a-t-il? Il a neuf ans.
Quel âge ont-elles? Elles ont onze ans.

Ask how old the subjects in parentheses are. Respond using the numbers given.

(tu) Quel âge as-tu?

(31) J'ai trente et un ans.

1. **(Isabelle)** _____

   (16) _____

2. **(vous)** _____

   (10) _____

3. **(il)** _____

   (44) _____

4. **(elles)** _____

   (74) _____

5. (**Nicole**) _____

    (**5**) _____

6. (**ils**) _____

    (**62**) _____

7. (**tu**) _____

    (**51**) _____

8. (**vous**) _____

    (**32**) _____

9. (**elles**) _____

    (**27**) _____

10. (**il**) _____

    (**82**) _____

11. (**Marc**) _____

    (**39**) _____

12. (**ils**) _____

    (**45**) _____

Did you know . . .

that many students in France go to school on Saturday mornings? However, they are usually off on Wednesday afternoons.

0-88012-994-8

Il y a . . .
There is . . ./There are . . .

Il y a is an expression meaning **there is** or **there are**. It can be followed by a singular or a plural noun.

Singular	Plural
Il y a un chien à l'école.	**Il y a** trois chiens à l'école.
Il y a un garçon dans la famille.	**Il y a** trois garçons dans la famille.

To form a question, **est-ce qu'** can be used with **il y a**.

Est-ce qu'il y a un chien à l'école**?**

A **-t-**, inserted in the inverted form of **il y a**, can also be used to form a question.

Y a-t-il un chien à l'école**?**

The expression **combien de** (how many/how much) is often used with **est-ce qu'il y a** or **y a-t-il.**

Combien de frères **est-ce qu'il y a** dans la famille**? OR**

Combien de frères **y a-t-il** dans la famille**?**
(How many brothers are there in the family?)

When **il y a** is negative, the **n'** and **pas** go around the **y a**.

Il n'y a pas de chien.

0-88012-994-8

Regardez les dessins et écrivez les réponses.

Combien de garçons est-ce qu'il y a?

_____

Combien de filles y a-t-il?

_____

Est-ce qu'il y a un pére?

_____

Est-ce qu'il y a une mère?

_____

_____

Est-ce qu'il y a des chiens?

_____

Combien de chats est-ce qu'il y a?

_____

Combien d'oiseaux y a-t-il?

_____

Est-ce qu'il y a des vaches?

_____

Est-ce qu'il y a des chats?

_____

Questions can be asked using **est-ce que** or an inversion. Use the alternate on the sentences below.

1. **Combien de chiens y a-t-il?**

_____

2. **Combien de livres est-ce qu'il y a?**

_____

3. **Combien de stylos y a-t-il?**

_____

0-88012-994-8

Répondez

Répondez aux questions.

1. **Combien d'élèves est-ce qu'il y a?**

   _____

2. **Est-ce qu'il y a des chats dans la classe?**

   _____

3. **Combien de garçons y a-t-il?**

   _____

4. **Combien de filles est-ce qu'il y a?**

   _____

5. **Est-ce qu'il y a treize professeurs?**

   _____

6. **Est-ce qu'il y a des examens dans la classe?**

   _____

7. **Combien de pupitres est-ce qu'il y a?**

   _____

8. **Est-ce qu'il y a un tableau noir?**

   _____

0-88012-994-8

Pretend the picture below is a picture of your family.
Répondez aux questions.

1. **Combien de frères et soeurs as-tu?**

   _____

2. **Combien de chats as-tu?**

   _____

3. **Combien de personnes est-ce qu'il y a sur le photo?**

   _____

4. **Est-ce qu'il y a des cochons?**

   _____

5. **Est-ce qu'il y a des oiseaux?**

   _____

6. **Combien de chiens y a-t-il?**

   _____

7. **Combien d'oiseaux est-ce qu'il y a?**

   _____

8. **Est-ce qu'il y a une mère?**

   _____

© 2007 Frank Schaffer Publications   0-88012-994-8

La Révision

Lisez le paragraphe et répondez aux questions.

La Famille Laporte

Voilà la famille Laporte. Ils
habitent à Paris dans un
appartement. Il y a six
pièces dans l'appartement.
Il y a trois chambres à
coucher, une cuisine, un
salon et une salle à manger.
Ils ont deux salles de bains.

Il y a cinq personnes dans la famille Laporte: la mère,
le père, deux filles et un fils. Ils ont un chien aussi. Isabelle
et Anne sont les filles. Isabelle a treize ans et Anne a dix
ans. Le fils, Yves, a douze ans. Duke, le chien, a deux ans.

1. **Combien de pièces est-ce qu'il y a dans
   l'appartement?** _____

   _____

2. **Est-ce qu'il y a trois salles de bains?** _____

   _____

3. **Combien de personnes y a-t-il dans la famille
   Laporte?** _____

   _____

4. **Est-ce qu'ils ont une chatte?** _____

   _____

0-88012-994-8

5. **Est-ce que la famille Laporte a une maison?**

_____

6. **Combien de chambres à coucher ont-ils?**

_____

7. **Est-ce qu'il y a une buanderie?**

_____

8. **Combien de filles y a-t-il?**

_____

9. **Est-ce qu'il y a des oiseaux?**

_____

10. **Est-ce qu'il y a une salle à manger?**

_____

11. **Quel âge a Isabelle?**

_____

12. **Quel âge a Yves?**

_____

13. **Est-ce qu'il y a un chien?**

_____

14. **Combien de fils est-ce qu'il y a?**

_____

15. **Combien d'enfants est-ce qu'il y a?**

_____

0-88012-994-8

Avoir Faim/Avoir Soif
To be hungry/to be thirsty

Besides meaning **to have**, the verb **avoir** is used in several expressions. For example, it is used when talking about **age** – **J'ai treize ans** (I am 13 years old.) It is also used when talking about **hunger** or **thirst**.

J'ai faim. (I'm hungry.)
J'ai soif. (I'm thirsty.)

Est-ce que tu as soif?
(Are you thirsty?)

Est-ce qu'ils ont faim?
(Are they hungry?)

Ask if the people in parentheses below are hungry or thirsty.

1. **(Mr. et Madame LaPorte)** _____

_____

2. **(tu)** _____

_____

3. **(vous)** _____

_____

4. **(elles)** _____

_____

5. **(il)** _____

_____

Répondez aux questions.

Est-ce que Janine a soif?

Non, Janine n'a pas soif.

1. **Est-ce que vos parents ont soif?**

Oui, _____

2. **Est-ce que tu as faim?**

Non, _____

3. **Est-ce qu'ils ont faim?**

Oui, _____

4. **Est-ce qu'elle a soif?**

Non, _____

5. **Est-ce que vous avez faim?**

Oui, nous _____

6. **Est-ce que Marc a soif?**

Oui, _____

7. **Est-ce que les enfants ont soif?**

Non, _____

8. **Est-ce que tu as soif?**

Non, _____

Avoir Besoin de
To need

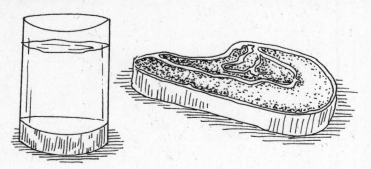

Another expression using **avoir** is **avoir besoin de** (to need). Notice that **de** is always used in this expression.

- **J'ai besoin d'**eau. (I need water.)
- **Vous avez besoin d'**acheter un livre. (You need to buy a book.)
- **J'ai besoin de** viande. (I need some meat.)
- **Il a besoin d'**aller au supermarché. (He needs to go to the supermarket.)

Write what the following people need or need to do.

Roland/etudier   <u>Roland a besoin d'étudier</u>

1. **(tu/aller à la banque)** _____

2. **(ils/lait)** _____

3. **(Marc/marcher)** _____
_____

4. **(Madame Calvez/acheter des légumes)** _____
_____

5. **(vous/aller à la poste)** _____
_____

6. **(nous/fromage)** _____

_____

7. **(je/argent)** _____

_____

8. **(elles/acheter des cahiers)** _____

_____

Use the pictures to determine what the people need.

	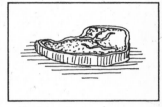	
Elles _____	**Robert** _____	**Mr. Dupont** _____

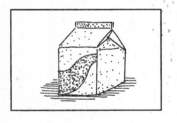		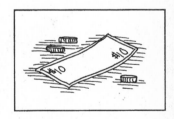
Tu _____	**Ils** _____	**Vous** _____

	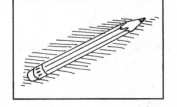	
Olivier _____	**Nous** _____	**J'** _____

Les Adjectifs Possessifs
Possessive Adjectives

One way to indicate possession is to follow the noun with **de**, and then the possessor's name.

Example: **la maison de Marie-France**
(Marie France's house)

le vélo d'Olivier
(Olivier's bike)

Another way to indicate possession is to use possessive adjectives (my, your, his, her, etc.).

	Singular		Plural
	Masculine	**Feminine**	
my	**mon** frère	**ma** soeur	**mes** frères **mes** soeurs
your	**ton** frère	**ta** soeur	**tes** frères **tes** soeurs
his/her	**son** frère	**sa** soeur	**ses** frères **ses** soeurs

Like other adjectives, a possessive adjective must agree with the noun it modifies.

Note: Son, sa and **ses** can mean either **his** or **her**. The agreement is made with the item NOT with the owner of the item. Therefore, a boy or a girl would say, "**C'est mon frère.**"

The masculine forms, **mon, ton** and **son**, are used before singular nouns beginning with a vowel even if the noun is feminine.

mon ami	**ton ami**	**son ami**
mon amie	**ton amie**	**son amie**

© 2007 Frank Schaffer Publications   0-88012-994-8

Pretend you are showing someone the items below.
Write what you would say.

Voilà mon chien. _____ _____

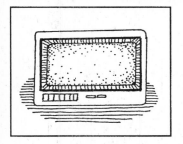

_____ _____ _____

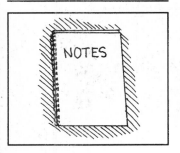

_____ _____ _____

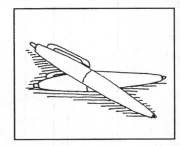

_____ _____ _____

C'est ta/ton . . . ?
Is this his/her . . . ?

Write a question in French to show how your friend
would ask if each of these things is yours.
Écrivez les questions.

Example: (singular) **soeur – C'est** ta soeur?
(plural) **chiens – Ce sont** tes chiens?

1. **(famille)** _____

2. **(parents)** _____

3. **(livres)** _____

4. **(vélo)** _____

5. **(amis)** _____

6. **(voiture)** _____

7. **(soeurs)** _____

8. **(frère)** _____

9. **(affiche)** _____

10. **(cassettes)** _____

11. **(bureau)** _____

12. **(radio)** _____

13. **(télévision)** _____

14. **(cahiers)** _____

15. **(disques)** _____

0-88012-994-8

Now tell your friend that all of the things he asked about on page 26 are yours.

Example: **Oui, c'est ma soeur.**
Oui, ce sont mes chiens.

1. _____
2. _____
3. _____
4. _____
5. _____

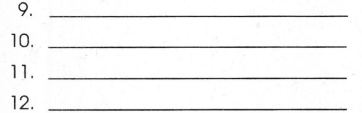

6. _____
7. _____
8. _____

9. _____
10. _____
11. _____
12. _____
13. _____
14. _____
15. _____

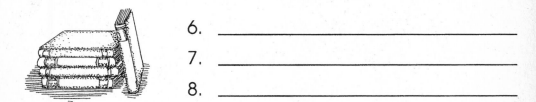

Did you know . . .
that Christmas in France is called *Noël?*

   0-88012-994-8

Curiosité
Curiosity

You and a friend are walking to school. Your friend keeps asking you questions.

Example: **C'est l'école de Jean-Paul?**
Oui, c'est son école.

Ce sont les frères d'Isabelle?
Oui, ce sont ses frères.

C'est le livre de Robert?
Non, ce n'est pas son livre.

Répondez aux questions.

1. **C'est la soeur de Monique?**

   Non, _____

2. **Ce sont les chiens de Paul?**

   Oui, _____

3. **Ce sont les crayons de Jeanne?**

   Oui, _____

4. **C'est la moto de Pierre?**

   Non, _____

5. **Ce sont les parents de Mimi?**

   Non, _____

6. **C'est le frère de Brigitte?**

   Oui, _____

© 2007 Frank Schaffer Publications 0-88012-994-8

7. **C'est la maison de Marianne?**

   Oui, _____

8. **Ce sont les amies de Corinne?**

   Non, _____

9. **C'est le bureau de Philippe?**

   Oui, _____

10. **C'est l'affiche de Jeannette?**

    Oui, _____

11. **C'est la chaise de Raymond?**

    Non, _____

12. **Ce sont les disques de Robert?**

    Oui, _____

13. **Ce sont les soeurs d'Anne?**

    Non, _____

14. **C'est la chatte de Marie?**

    Oui, _____

15. **C'est l'amie de Valérie?**

    Oui, _____

16. **C'est l'école d'Alice?**

    Non, _____

Did you know . . .
that Samuel de Champlain founded Quebec City?

Je suis à . . .
I am at/in . . .

To indicate a place where you are or where you are going, the preposition **à** is generally used. It means **at, to** or **in**.

Je suis **à** l'école.
(I am **at** school.)

Nous allons **à** Paris.
(We are going **to** Paris.)

Tu es **à** la campagne.
(You are **in** the country.)

Vous êtes **à** New York.
(You are **in** New York.)

When **à** is used with the definite article **le** or **les**, the following contractions occur.

à + la = à la	**à + l' = à l'**	**à + le = au**	**à + les = aux**
à la maison	à l'école	au cinéma	aux cinémas
à la banque	à l'aéroport	au théâtre	aux théâtres

Write the correct contraction in front of each place below to tell where you could go.

1. le cinéma – _____

2. la plage – _____

3. les restaurants – _____

4. la bibliothèque – _____

5. le supermarché – _____

6. les cafés – _____

7. la montagne – _____

8. les concerts – _____

0-88012-994-8

Quand?
When?

Écrivez les expressions.

aujourd'hui _____
(today)

demain _____
(tomorrow)

après l'école _____
(after school)

pendant les vacances _____
(during vacation)

la semaine prochaine _____
(next week)

ce week-end _____
(this weekend)

le week-end prochain _____
(next weekend)

ce soir _____
(tonight)

cet après-midi _____
(this afternoon)

ce matin _____
(this morning)

Écrivez les expressions.

1. after vacation _____

2. during school _____

3. after the weekend _____

4. during the week _____

5. during the weekend _____

6. tomorrow _____

0-88012-994-8

Aller
To go

The verb **aller** (to go) is a very important irregular verb. It is used to indicate movement or travel to a place or to indicate future plans (what you are going to do).

je	**vais**	nous	**allons**
tu	**vas**	vous	**allez**
il/elle	**va**	ils/elles	**vont**

Est-ce que **vous allez** à l'école?
(Are you going to school?)

Non, **nous allons** à la plage.
(No, we are going to the beach.)

When **aller** is used to express future plans, it is followed directly by an infinitive (the whole form of a verb).

Je vais travailler

(I am going to work.)

Tu vas chanter.

(You are going to sing.)

Il va marcher.

(He is going to walk.)

Note the placement of **ne . . . pas** in a negative sentence.

Je **ne vais pas** travailler.
Tu **ne vas pas** chanter.
Il **ne va pas** marcher.

The command forms of **aller** are:

Va!

(You (**tu**) go!)

Allons!

(Let's go!)

Allez!

(You (**vous**) go!)

Tell where the following people are going.

1. **Didier et Olivier** _____

2. **Je** _____

3. **Nous** _____

4. **Marie et Anne** _____

5. **Vous** _____

6. **Tu** _____

7. **Il** _____

8. **Elle** _____

9. **Ils** _____

10. **Mr. Dupont** _____

11. **Je** _____

12. **Vous** _____

13. **Tu** _____

14. **Elles** _____

Did you know . . .

the *Fête* du Bô Temps, the Festival of Good Weather, is held in Montreal each April?

Je vais . . .
I am going . . .

Tell what the people below are going to do. Use the words in the word box to help you.

aller à la plage	acheter des livres
manger à la maison	chanter
écouter la radio	étudier
regarder la télévision	aller à la piscine

1. **Nous** _____

2. **Je** _____

3. **Marc et Paul** _____

4. **Elle** _____

5. **Tu** _____

6. **Elles** _____

7. **Nous** _____

8. **Je** _____

 0-88012-994-8

Tell what the people in each sentence are going to do and when.

Tu/aller à l'aéroport/demain.
Tu vas aller à l'aéroport demain.

1. **Je / chanter /aujourd'hui**

   _____

2. **Ils / regarder la télévision / cet après-midi**

   _____

3. **Vous/aller à la classe d'anglais/demain**

   _____

4. **Nous/rester à la maison/ce soir**

   _____

5. **Marc/écouter des disques/aujourd'hui**

   _____

6. **Elles/aller danser/après l'école**

   _____

7. **Je/aller en France/le week-end prochain**

   _____

8. **Vous/aller à New York/demain**

   _____

9. **Anne/préparer le dîner/ce week-end**

   _____

0-88012-994-8

À ta Santé
To your health

The verb **aller** is also used in expressions relating to health.

Comment vas-tu? How are you?
Comment allez-vous? How are you?
Comment va-t-il? How is he?
Comment va-t-elle? How is she?
Comment vont-ils? How are they?
Comment vont-elles? How are they?

A few responses you should already know are:

Très bien, merci. Et toi (vous)?
(Very well, thank you. And you?)

Pas mal.
(Not bad.)

Comme ci, comme ça.
(So-so.)

Other responses use a subject and a verb.

Je vais bien, merci.
Elles vont très bien.
Il va bien.

Écrivez les questions et les réponses en français.

1. **How are you?** (tu) _____

   Very well, thank you. _____

2. **How is he?** _____

   So-so. _____

0-88012-994-8

Answer Key

French

Avoir (ah-vwahr)
To have

Avoir (to have) is an important irregular verb.

j'	ai	nous	avons
tu	as	vous	avez
il/ella	a	ils/elles	ont

Avoir is usually followed by a noun:
Examples: J'ai une radio.
Il a un chien.

Note: When the noun following avoir is plural, don't forget to use des.

Example: Est-ce que vous avez des livres?

Use the pictures to help you tell who has what.

1. J'ai un chien.
2. Marc a un chien.

3. Vous avez une guitare.
4. Nous avons une guitare.

5. Tu as des disques.
6. Annick et Olivier ont des disques.

©1993 Instructional Fair, Inc. 2 IF0219 French

---

7. J'ai des radios.
8. Mr. DuPont a des radios.

9. Tu as une télévision.
10. Ils ont une télévision.

11. Vous avez des livres.
12. Renée a des livres.

13. Madame Leclerc a des stylos.
14. Nous avons des stylos.

15. Il a un crayon.
16. Tu as un crayon.

17. Elles ont une maison.
18. Elle a une maison.

©1993 Instructional Fair, Inc. 3 IF0219 French

Est-ce que tu as . . . ?
Do you have . . . ?

When avoir is used in the negative, the indefinite article (un, une, des) becomes de or d'.

J'ai une radio. → Je n'ai pas de radio.
J'ai un ami. → Je n'ai pas d'ami.
Tu as des chiens. → Tu n'as pas de chiens.

Remember: Nous and je answer vous, and je answers tu.

Répondez aux questions.

1. Est-ce que tu as une moto?
Non, je n'ai pas de moto.
2. Est-ce que Marc a un chien?
Oui, Marc a un chien.
3. Est-ce que vous avez des stylos?
Non, nous n'avons pas de stylos.
4. Qu'est-ce que Paul a? (des disques)
Paul a des disques.
5. Qu'est-ce que vous avez? (un frère)
J'ai un frère.
6. Est-ce qu'elle a des voitures?
Non, elle n'a pas de voitures.

©1993 Instructional Fair, Inc. 4 IF0219 French

---

7. Qu'est-ce qu'ils ont? (une guitare)
Ils ont une guitare.
8. Qu'est-ce qu'elle a? (un cahier)
Elle a un cahier.
9. Est-ce qu'il a une maison?
Non, il n'a pas de maison.
10. Est-ce que tu as une moto?
Oui, j'ai une moto.
11. Qu'est-ce que vous avez? (des fruits)
Nous avons des fruits.
12. Est-ce que Mr. Beauclerc a une voiture?
Oui, Mr. Beauclerc a une voiture.
13. Est-ce que Renée a des livres?
Non, Renée n'a pas de livres.
14. Qu'est-ce que Didier et Olivier ont? (une guitare)
Didier et Olivier ont une guitare.
15. Qu'est-ce que tu as? (des crayons)
J'ai des crayons.

Did you know . . .
that in France you are allowed to take dogs in many restaurants?

©1993 Instructional Fair, Inc. 5 IF0219 French

Voilà la Maison de M. et Mme. Calvez

*1993 Instructional Fair, Inc. 6 IF0219 French

Répondez aux questions. (Change the words in English to French.)

Est-ce que Mr. et Mme. Calvez ont a kitchen?
Oui, Mr. et Mme. Calvez ont une cuisine.

1. Est-ce qu'ils ont deux bedrooms?
Oui, ils ont deux chambres à coucher.
2. Est-ce que la maison a stairs?
Oui, la maison a un escalier.
3. Est-ce que Madame Calvez curtains dans une chambre à coucher? Oui, Mme. Calvez a des rideaux dans une chambre à coucher.
4. Est-ce que la maison a a bathroom?
Oui, Mme. Calvez a une salle de bains.
5. Est-ce que Madame Calvez a a dining room?
Oui, Mme Calvez a une salle à manger.
6. Est-ce que Mr. Calvez a a utility room?
Oui, M. Calvez a une buanderie.
7. Est-ce que les Calvez ont a closet dans une chambre à coucher? Oui, les Calvez ont un placard dans une chambre à coucher.
8. Est-ce qu'ils ont a chimney sur le roof?
Oui, ils ont une cheminée sur le toit.
9. Est-ce qu'ils ont rug dans the living room?
Oui, ils ont un tapis dans le salon.

©1993 Instructional Fair, Inc. 7 IF0219 French

La Famille Leclerc
(M. et Mme Leclerc, Renée et Paul)

Répondez aux questions.

1. Est-ce que Marc Leclerc a un chien?
Oui, Marc a un chien.
2. Qu'est-ce que Renée a? (une chatte)
Renée a une chatte
3. Est-ce que M. et Mme Leclerc ont une cuisine?
Oui, M. et Mme. Leclerc ont une cuisine.
4. Est-ce que M. et Madame Leclerc ont trois enfants?
Non, ils ont deux enfants.
5. Qu'est-ce que la famille a dans le salon?
La famille a une cheminée dans le salon.

©1993 Instructional Fair, Inc. 8 IF0219 French

---

6. Est-ce qu'ils ont un placard?
Oui, ils ont un placard.
7. Est-ce qu'ils ont un garage?
Non, ils n'ont pas de garage.

8. Est-ce que la chambre de Renée a une fenêtre?
Oui, la chambre de Renée a une fenêtre.
9. Est-ce que la famille Leclerc a deux salles de bains?
Non, la famille Leclerc a une salle de bains.
10. Est-ce qu'ils ont un toit?
Oui, ils ont un toit.

Ask the Leclercs if they have the following.
(Use Est-ce que).

1. a fireplace Est-ce que vous avez une cheminée?
2. a chimney Est-ce que vous avez une cheminée?
3. a house Est-ce que vous avez une maison?
4. stairs Est-ce que vous avez un escalier?
5. curtains Est-ce que vous avez des rideaux?
6. a door Est-ce que vous avez une porte?

Did you know . . .
that France is the largest country of Western Europe?

©1993 Instructional Fair, Inc. 9 IF0219 French

La Cuisine

Le four à micro-ondes
La congélateur
Le robinet
Le comptoir
L'évier
La cuisinière
Le lave-vaisselle
Le réfrigérateur
Le four

Répondez aux questions.

1. Est-ce que la famille Dupont a une cuisinière?
   Oui, la famille Dupont a une cuisinière.

2. Est-ce qu'ils ont un réfrigérateur?
   Oui, ils ont un réfrigérateur.

3. Est-ce qu'ils ont un chien?
   Non, ils n'ont pas de chien.

4. Est-ce que Madame Dupont a un bébé?
   Oui, Mme. Dupont a un bébé.

5. Est-ce que le bébé a une petite radio?
   Non, le bébé n'a pas de radio.

© 1993 Instructional Fair, Inc.   10   #0219 French

---

6. Est-ce que Madame Dupont a un four à micro-ondes?
   Oui, elle a un four à micro-ondes.

7. Est-ce que la famille a une table?
   Non, la famille n'a pas de table.

8. Est-ce que Madame Dupont a un congélateur?
   Oui, elle a un congélateur.

Écrivez les questions et les réponses à Madame Dupont.

Do you have an oven?
Est-ce que vous avez un four?
Oui, j'ai un four.

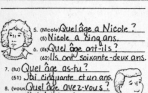

1. Do you have a dishwasher?
   Est-ce que vous avez un lave-vaisselle?
   Oui, j'ai un lave-vaisselle.

2. Do you have a faucet?
   Est-ce que vous avez un robinet?
   Oui, j'ai un robinet.

3. Do you have a sink?
   Est-ce que vous avez un évier?
   Oui, j'ai un évier.

4. Do you have a counter?
   Est-ce que vous avez un comptoir?
   Oui, j'ai un comptoir.

© 1993 Instructional Fair, Inc.   11   #0219 French

Quel âge avez-vous?
How old are you?

The verb avoir is used to express age.

Quel âge avez-vous? (How old are you?)
J'ai vingt-huit ans. (I am 28.)

Quel âge as-tu? J'ai dix-huit ans.
Quel âge a-t-il? Il a neuf ans.
Quel âge ont-elles? Elles ont onze ans.

Ask how old the subjects in parentheses are. Respond using the numbers given.

(tu) *Quel âge as-tu?*
(31) *J'ai trente et un ans.*

1. (Isabelle) *Quel âge a Isabelle?*
   (16) *Isabelle a seize ans.*

2. (vous) *Quel âge avez-vous?*
   (10) *J'ai dix ans.*

3. (il) *Quel âge a-t-il?*
   (44) *Il a quarante-quatre ans.*

4. (elles) *Quel âge ont-elles?*
   (74) *Elles ont soixante-quatorze ans.*

© 1993 Instructional Fair, Inc.   12   #0219 French

---

5. (Nicole) *Quel âge a Nicole?*
   (5) *Nicole a cinq ans.*

6. (ils) *Quel âge ont-ils?*
   (62) *Ils ont soixante-deux ans.*

7. (tu) *Quel âge as-tu?*
   (51) *J'ai cinquante et un ans.*

8. (vous) *Quel âge avez-vous?*
   (32) *J'ai trente-deux ans.*

9. (elles) *Quel âge ont-elles?*
   (27) *Elles ont vingt-sept ans.*

10. (il) *Quel âge a-t-il?*
    (82) *Il a quatre-vingt-deux ans.*

11. (Marc) *Quel âge a Marc?*
    (39) *Marc a trente-neuf ans.*

12. (ils) *Quel âge ont-ils?*
    (45) *Ils ont quarante-cinq ans.*

Did you know...
that many students in France go to school on Saturday mornings? However, they are usually off on Wednesday afternoons.

© 1993 Instructional Fair, Inc.   13   #0219 French

Il y a ...
There is ... /There are ...

Il y a is an expression meaning there is or there are. It can be followed by a singular or a plural noun.

Singular	Plural
Il y a un chien à l'école.	Il y a trois chiens à l'école.
Il y a un garçon dans la famille.	Il y a trois garçons dans la famille.

To form a question, est-ce qu' can be used with il y a.

Est-ce qu'il y a un chien à l'école?

A -t-, inserted in the inverted form of il y a, can also be used to form a question.

Y a-t-il un chien à l'école?

The expression combien de (how many/how much) is often used with est-ce qu'il y a or y a-t-il.

Combien de frères est-ce qu'il y a dans la famille? OR
Combien de frères y a-t-il dans la famille?
(How many brothers are there in the family?)

When il y a is negative, the n' and pas go around the y a.

Il n'y a pas de chien.

© 1993 Instructional Fair, Inc.   14   #0219 French

Regardez les dessins et écrivez les réponses.

Combien de garçons est-ce qu'il y a?
Il y a trois garçons.

Combien de filles y a-t-il?
Il n'y a pas de filles.

Est-ce qu'il y a un père?
Oui, il y a un père.

Est-ce qu'il y a une mère?
Oui, il y a une mère.

Est-ce qu'il y a des chiens?
Oui, il y a des chiens.

Combien de chats est-ce qu'il y a?
Il y a trois chats.

Combien d'oiseaux y a-t-il?
Il y a de.

Est-ce qu'il y a des vaches?
Non, il n'y a pas de.

Est-ce qu'il y a des chats?
Oui, il y a des chats.

Questions can be asked using est-ce que or an inversion. Use the alternate on the sentences below.

1. Combien de chiens y a-t-il?
   Combien de chiens est-ce qu'il y a?

2. Combien de livres est-ce qu'il y a?
   Combien de livres y a-t-il?

3. Combien de stylos y a-t-il?
   Combien de stylos est-ce qu'il y a?

© 1993 Instructional Fair, Inc.   15   #0219 French

Répondez

Répondez aux questions.

1. Combien d'élèves est-ce qu'il y a?
   Il y a six élèves.

2. Est-ce qu'il y a des chats dans la classe?
   Non, il n'y a pas de chats dans la classe.

3. Combien de garçons y a-t-il?
   Il y a quatre garçons.

4. Combien de filles est-ce qu'il y a?
   Il y a deux filles.

5. Est-ce qu'il y a treize professeurs?
   Non, il y a un professeur.

6. Est-ce qu'il y a des examens dans la classe?
   Non, il n'y a pas d'examens dans la classe.

7. Combien de pupitres est-ce qu'il y a?
   Il y a quatre pupitres.

8. Est-ce qu'il y a un tableau noir?
   Oui, il y a un tableau noir.

© 1993 Instructional Fair, Inc.   16   #0219 French

Pretend the picture below is a picture of your family.
Répondez aux questions.

1. Combien de frères et soeurs as-tu?
   J'ai huit frères et soeurs.

2. Combien de chats as-tu?
   J'ai quatre chats.

3. Combien de personnes est-ce qu'il y a sur le photo?
   Il y a onze personnes sur le photo.

4. Est-ce qu'il y a des cochons?
   Non, il n'y a pas de cochons.

5. Est-ce qu'il y a des oiseaux?
   Oui, il y a des oiseaux.

6. Combien de chiens y a-t-il?
   Il y a deux chiens.

7. Combien d'oiseaux est-ce qu'il y a?
   Il y a un oiseau.

8. Est-ce qu'il y a une mère?
   Oui, il y a une mère.

© 1993 Instructional Fair, Inc.   17   #0219 French

La Révision

Lisez le paragraphe et répondez aux questions.

La Famille Laporte
Voilà la famille Laporte. Ils habitent à Paris dans un appartement. Il y a six pièces dans l'appartement. Il y a trois chambres à coucher, une cuisine, un salon et une salle à manger. Ils ont deux salles de bains.

Il y a cinq personnes dans la famille Laporte: la mère, le père, deux fils et une fille. Isabelle et Anne sont les filles. Isabelle a treize ans et Anne a dix ans. Le fils, Yves, a douze ans. Duke, le chien, a deux ans.

1. Combien de pièces est-ce qu'il y a dans l'appartement? *Il y a six pièces dans l'appartement.*

2. Est-ce qu'il y a trois salles de bains? *Non, il y a deux salles de bains.*

3. Combien de personnes y a-t-il dans la famille Laporte? *Il y a cinq personnes dans la famille Laporte.*

4. Est-ce qu'ils ont une chatte? *Non, ils n'ont pas de chatte.*

© 1993 Instructional Fair, Inc.   18   #0219 French

Panel 1

5. Est-ce que la famille Laporte a une maison?
Non, la famille Laporte a un appartement.
6. Combien de chambres à coucher ont-ils?
Ils ont trois chambres à coucher.
7. Est-ce qu'il y a une buanderie?
Non, il n'y a pas de buanderie.
8. Combien de filles y a-t-il?
Il y a deux filles.
9. Est-ce qu'il y a des oiseaux?
Non, il n'y a pas d'oiseaux.
10. Est-ce qu'il y a une salle à manger?
Oui, il y a une salle à manger.
11. Quel âge a Isabelle?
Isabelle a treize ans.
12. Quel âge a Yves?
Yves a douze ans.
13. Est-ce qu'il y a un chien?
Oui, il y a un chien.
14. Combien de fils est-ce qu'il y a?
Il y a un fils.
15. Combien d'enfants est-ce qu'il y a?
Il y a trois enfants.

Panel 2

Avoir Faim/Avoir Soif
To be hungry/to be thirsty

Besides meaning to have, the verb avoir is used in several expressions. For example, it is used when talking about age – J'ai treize ans (I am 13 years old.) It is also used when talking about hunger or thirst.

J'ai faim. (I'm hungry.)
J'ai soif. (I'm thirsty.)

Est-ce que tu as soif? (Are you thirsty?)
Est-ce qu'ils ont faim? (Are they hungry?)

Ask if the people in parentheses below are hungry or thirsty.
1. (Mr. et Madame Laporte) *Est-ce que Mr. et Mme. Laporte ont faim? Est-ce qu'ils ont soif?*
2. (tu) *Est-ce que tu as faim? Est-ce que tu as soif?*
3. (vous) *Est-ce que vous avez faim? Est-ce que vous avez soif?*

Panel 3

4. (elles) *Est-ce qu'elles ont faim? Est-ce qu'elles ont soif?*
5. (il) *Est-ce qu'il a faim? Est-ce qu'il a soif?*

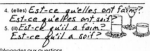

Répondez aux questions.

Est-ce que Janine a soif?
Non, Janine n'a pas soif.
1. Est-ce que vos parents ont soif?
Oui, mes/nos parents ont soif.
2. Est-ce que tu as faim?
Non, je n'ai pas faim.
3. Est-ce qu'ils ont faim?
Oui, ils ont faim.
4. Est-ce qu'elle a soif?
Non, elle n'a pas soif.
5. Est-ce que vous avez faim?
Oui, nous avons faim.
6. Est-ce que Marc a soif?
Oui, Marc a soif.
7. Est-ce que les enfants ont soif?
Non, les enfants n'ont pas soif.
8. Est-ce que tu as soif?
Non, je n'ai pas soif.

Panel 4

Avoir Besoin de
To need

Another expression using avoir is avoir besoin de (to need). Notice that de is always used in this expression.

• J'ai besoin d'eau. (I need water.)
• Vous avez besoin d'acheter un livre. (You need to buy a book.)
• J'ai besoin de viande. (I need some meat.)
• Il a besoin d'aller au supermarché. (He needs to go to the supermarket.)

Write what the following people need or need to do.

Roland/étudier *Roland a besoin d'étudier.*
1. (tu/aller à la banque) *Tu as besoin d'aller à la banque.*
2. (ils/lait) *Ils ont besoin de lait.*
3. (Marc/marcher) *Marc a besoin de marcher.*
4. (Madame Calvez/acheter des légumes) *Mme. Calvez a besoin d'acheter des légumes.*
5. (vous/aller à la poste) *Vous avez besoin d'aller à la poste.*

Panel 5

6. (nous/fromage) *Nous avons besoin de fromage.*
7. (je/argent) *J'ai besoin d'argent.*
8. (elles/acheter des cahiers) *Elles ont besoin d'acheter des cahiers.*

Use the pictures to determine what the people need.

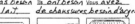

Elles ont besoin d'étudier.   *Roland a besoin de lait.*   *Mr. Dupont a besoin de viande.*

Tu as besoin de lait.   *Ils ont besoin de chaussures.*   *Vous avez besoin d'argent.*

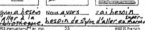

Olivier a besoin d'aller à la bibliothèque.   *Nous avons besoin de stylos.*   *J'ai besoin d'aller à la poste.*

Panel 6

Les Adjectifs Possessifs
Possessive Adjectives

One way to indicate possession is to follow the noun with de, and then the possessor's name.

Example: la maison de Marie-France
(Marie-France's house)

le vélo d'Olivier
(Olivier's bike)

Another way to indicate possession is to use possessive adjectives (my, your, his, her, etc.).

	Singular		Plural
	Masculine	Feminine	
my	mon frère	ma soeur	mes frères / mes soeurs
your	ton frère	ta soeur	tes frères / tes soeurs
his/her	son frère	sa soeur	ses frères / ses soeurs

Like other adjectives, a possessive adjective must agree with the noun it modifies.
Note: Son, sa and son, are used either his or her. The agreement is made with the item NOT with the owner of the item. Therefore, a boy or a girl would say, "C'est mon frère."

The masculine forms, mon, ton and son, are used before singular nouns beginning with a vowel even if the noun is feminine.

mon ami   ton ami   son ami
mon amie   ton amie   son amie

Panel 7

Pretend you are showing someone the items below. Write what you would say.

Voilà mon chien.   *Voilà ma famille.*   *Voilà ma guitare.*

Voilà ma télévision.   *Voilà ma radio.*   *Voilà mes livres.*

Voilà mon cahier.   *Voilà mon vélo.*   *Voilà ma maison.*

Voilà mon chat.   *Voilà mes disques.*   *Voilà mes stylos.*

Panel 8

C'est ta/ton ...?
Is this his/her ...?

Write a question in French to show how your friend would ask if each of these things is yours.
Écrivez les questions.

Example: (singular) soeur – C'est ta soeur?
(plural) chiens – Ce sont tes chiens?

1. (famille) *C'est ta famille?*
2. (parents) *Ce sont tes parents?*
3. (livres) *Ce sont tes livres?*
4. (vélo) *C'est ton vélo?*
5. (amis) *Ce sont tes amis?*
6. (voiture) *C'est ta voiture?*
7. (soeurs) *Ce sont tes soeurs?*
8. (frère) *C'est ton frère?*
9. (affiche) *C'est ton affiche?*
10. (cassettes) *Ce sont tes cassettes?*
11. (bureau) *C'est ton bureau?*
12. (radio) *C'est ta radio?*
13. (télévision) *C'est ta télévision?*
14. (cahiers) *Ce sont tes cahiers?*
15. (disques) *Ce sont tes disques?*

Panel 9

Now tell your friend that all of the things he asked about on page 26 are yours.

Example: Oui, c'est ma soeur.
Oui, ce sont mes chiens.

1. *Oui, c'est ma famille.*
2. *Oui, ce sont mes parents.*
3. *Oui, ce sont mes livres.*
4. *Oui, c'est mon vélo.*
5. *Oui, ce sont mes amis.*
6. *Oui, c'est ma voiture.*
7. *Oui, ce sont mes soeurs.*
8. *Oui, c'est mon frère.*
9. *Oui, c'est mon affiche.*
10. *Oui, ce sont mes cassettes.*
11. *Oui, c'est mon bureau.*
12. *Oui, c'est ma radio.*
13. *Oui, c'est ma télévision.*
14. *Oui, ce sont mes cahiers.*
15. *Oui, ce sont mes disques.*

Did you know ...
that Christmas in France is called Noël?

Panel 1 (page 28)

Curiosité
Curiosity

You and a friend are walking to school. Your friend keeps asking you questions.

Example: C'est l'école de Jean-Paul?
Oui, c'est son école.

C'est les frères d'Isabelle?
Oui, ce sont ses frères.

C'est le livre de Robert?
Non, ce n'est pas son livre.

Répondez aux questions.

1. C'est la soeur de Monique?
Non, _ce n'est pas sa soeur._

2. Ce sont les chiens de Paul?
Oui, _ce sont ces chiens._

3. Ce sont les crayons de Jeanne?
Oui, _ce sont ces crayons._

4. C'est la moto de Pierre?
Non, _ce n'est pas sa moto._

5. Ce sont les parents de Mimi?
Non, _ce ne sont pas ses parents._

6. C'est le frère de Brigitte?
Oui, _c'est son frère._

©1993 Instructional Fair, Inc.   28   IF0219 French

Panel 2 (page 29)

7. C'est la maison de Marianne?
Oui, _c'est sa maison._

8. Ce sont les amies de Corinne?
Non, _ce ne sont pas ses amies._

9. C'est le bureau de Philippe?
Oui, _c'est son bureau._

10. C'est l'affiche de Jeannette?
Oui, _c'est son affiche._

11. C'est la chaise de Raymond?
Non, _ce n'est pas sa chaise._

12. Ce sont les disques de Robert?
Oui, _ce sont ses disques._

13. Ce sont les soeurs d'Anne?
Non, _ce ne sont pas ses soeurs._

14. C'est la chatte de Marie?
Oui, _c'est sa chatte._

15. C'est l'amie de Valérie?
Oui, _c'est son amie._

16. C'est l'école d'Alice?
Non, _ce n'est pas son école._

Did you know . . .
that Samuel de Champlain founded Quebec City?

©1993 Instructional Fair, Inc.   29   IF0219 French

Panel 3 (page 30)

Je suis à . . .
I am at/in . . .

To indicate a place where you are or where you are going, the preposition à is generally used. It means at, to or in.

Je suis à l'école.   Nous allons à Paris.
(I am at school.)   (We are going to Paris.)

Tu es à la campagne.   Vous êtes à New York.
(You are in the country.)   (You are in New York.)

When à is used with the definite article le or les, the following contractions occur.

à + la = à la	à + l' = à l'	à + le = au	à + les = aux
à la maison	à l'école	au cinéma	aux cinémas
à la banque	à l'aéroport	au théâtre	aux théâtres

Write the correct contraction in front of each place below to tell where you could go.

1. le cinéma - _au cinéma_
2. la plage - _à la plage_
3. les restaurants - _aux restaurants_
4. la bibliothèque - _à la bibliothèque_
5. le supermarché - _au supermarché_
6. les cafés - _aux cafés_
7. la montagne - _à la montagne_
8. les concerts - _aux concerts_

©1993 Instructional Fair, Inc.   30   IF0219 French

Panel 4 (page 31)

Quand?
When?

Écrivez les expressions.

aujourd'hui _aujourd'hui_
(today)
demain _demain_
(tomorrow)
après l'école _après l'école_
(after school)
pendant les vacances _pendant les vacances_
(during vacation)
la semaine prochaine _la semaine prochaine_
(next week)
ce week-end _ce week-end_
(this weekend)
le week-end prochain _le week-end prochain_
(next weekend)
ce soir _ce soir_
(tonight)
cet après-midi _cet après-midi_
(this afternoon)
ce matin _ce matin_
(this morning)

Écrivez les expressions.

1. after vacation _après les vacances_
2. during school _pendant l'école_
3. after the weekend _après le week-end_
4. during the week _pendant la semaine_
5. during the weekend _pendant le week-end_
6. tomorrow _demain_

©1993 Instructional Fair, Inc.   31   IF0219 French

Panel 5 (page 32)

Aller
To go

The verb aller (to go) is a very important irregular verb. It is used to indicate movement or travel to a place or to indicate future plans (what you are going to do).

je	vais	nous	allons
tu	vas	vous	allez
il/elle	va	ils/elles	vont

Est-ce que vous allez à l'école?
(Are you going to school?)

Non, nous allons à la plage.
(No, we are going to the beach.)

When aller is used to express future plans, it is followed directly by an infinitive (the whole form of a verb).

Je vais travailler.
(I am going to work.)

Tu vas chanter.
(You are going to sing.)

Il va marcher.
(He is going to walk.)

Note the placement of ne . . . pas in a negative sentence.

Je ne vais pas travailler.
Tu ne vas pas chanter.
Il ne va pas marcher.

The command forms of aller are:

Va!   Allons!   Allez!
(You [tu] go!)   (Let's go!)   (You [vous] go!)

©1993 Instructional Fair, Inc.   32   IF0219 French

Panel 6 (page 33)

Tell where the following people are going.

1. Didier et Olivier _vont à la plage._
2. Je _vais à la plage._
3. Nous _allons au restaurant._
4. Marie et Anne _vont au restaurant._
5. Vous _allez à l'école._
6. Tu _vas à l'école._
7. Il _va au cinéma._
8. Elle _va au cinéma._
9. Ils _vont à l'aéroport._
10. Mr. Dupont _va à l'aéroport._
11. Je _vais à la banque._
12. Vous _allez à la banque._
13. Tu _vas à la piscine._
14. Elles _vont à la piscine._

Did you know . . .
the Fête de 86 Temps, the Festival of Good Weather, is held in Montreal each April?

©1993 Instructional Fair, Inc.   33   IF0219 French

Panel 7 (page 34)

Je vais . . .
I am going . . .

Tell what the people below are going to do. Use the words in the word box to help you.

aller à la plage	acheter des livres
manger à la maison	chanter
écouter la radio	étudier
regarder la télévision	aller à la piscine

1. Nous _allons écouter la_ radio.
2. Je _vais acheter des livres._
3. Marc et Paul _vont aller_ à la piscine.
4. Elle _va étudier._
5. Tu _vas manger à la_ maison.
6. Elles _vont regarder la télévision._
7. Nous _allons aller à la_ plage.
8. Je _vais chanter._

©1993 Instructional Fair, Inc.   34   IF0219 French

Panel 8 (page 35)

Tell what the people in each sentence are going to do and when.

Tu/aller à l'aéroport/demain.
Tu vas aller à l'aéroport demain.

1. Je / chanter /aujourd'hui
Je vais chanter aujourd'hui.

2. Ils / regarder la télévision / cet après-midi
Ils vont regarder la télévision cet après-midi.

3. Vous/aller à la classe d'anglais/demain
Vous allez aller à la classe d'anglais demain.

4. Nous/rester à la maison/ce soir
Nous allons rester à la maison ce soir.

5. Marc/écouter des disques/aujourd'hui
Marc va écouter des disques aujourd'hui.

6. Elles/aller danser/après l'école
Elles vont danser après l'école.

7. Je/aller en France/le week-end prochain
Je vais en France le week-end prochain.

8. Vous/aller à New York/demain
Vous allez aller à New York demain.

9. Anne/préparer le dîner/ce week-end
Anne va préparer le dîner ce week-end.

©1993 Instructional Fair, Inc.   35   IF0219 French

Panel 9 (page 36)

À ta Santé
To your health

The verb aller is also used in expressions relating to health.

Comment vas-tu? How are you?
Comment allez-vous? How are you?
Comment va-t-il? How is he?
Comment va-t-elle? How is she?
Comment vont-ils? How are they?
Comment vont-elles? How are they?

A few responses you should already know are:

Très bien, merci. (Very well, thank you. And you?)
Pas mal. (Not bad.)
Comme ci, comme ça. (So-so.)

Other responses use a subject and a verb.

Je vais bien, merci.
Elles vont très bien.
Il va bien.

Écrivez les questions et les réponses en français.

1. How are you? (tu) _Comment vas-tu?_
Very well, thank you. _Très bien, merci._

2. How is he? _Comment va-t-il?_
So-so. _Comme ci, comme ça._

©1993 Instructional Fair, Inc.   36   IF0219 French

0-88012-994-8

Panel (page 37)

3. How are they? (elles) Comment vont-elles?
They are fine. Elles vont bien.

4. How are you? (vous) Comment allez-vous?
I am great. Je vais très bien.

5. How is she? Comment va-t-elle?
She is fine, thanks. Elle va bien, merci.

6. How are they (ils)? Comment vont-ils?
They are very well. And you? (vous) Ils vont très bien. Et vous?

Fill in the blanks below the pictures with the missing words.

 Vas / Vais

 comme ça/revoir

 allez /bien - vous

 mal-vont/Ils-bien

De la / De l' / Du (page 38)

Some

To say some in French (some bread, some water, etc.), the partitive article is used. Its forms are:

du (de + le before a masculine noun) – du chocolat
de la (before a feminine noun) – de la viande
de l' (before a noun beginning with a vowel sound) – de l'eau
des (before plural nouns) – des fruits

Nous achetons du pain. (We are buying some bread.)
J'ai de la glace. (I have some ice cream.)
Marc va boire de l'eau. (Marc is going to drink some water.)
Vous avez des fruits. (You have some fruit.)

In a negative sentence, the partitive article always becomes de or d' before a vowel sound.

Je n'ai pas de glace.
Elles n'ont pas d'eau minérale.
Tu n'as pas de fruits.

Write the correct partitive articles and nouns in French.
1. some cheese   du fromage
2. some tea   du thé
3. some ice cream   de la glace
4. some water   de l'eau
5. some meat   de la viande
6. some butter   du beurre

Qu'est-ce qu'il y a dans le frigo? (page 39)

1. Est-ce qu'il y a de la glace? Oui, il y a de la glace.
2. Y a-t-il du chocolat? Non, il n'y a pas de chocolat.
3. Y a-t-il de la viande? Oui, il y a de la viande.
4. Est-ce qu'il y a du fromage? Oui, il y a du fromage.
5. Est-ce qu'il y a de l'eau minérale? Non, il n'y a pas d'eau minérale.
6. Y a-t-il du poulet? Oui, il y a du poulet.
7. Y a-t-il du pain? Non, il n'y a pas de pain.
8. Y a-t-il des fruits? Oui, il y a des fruits.
9. Y a-t-il des légumes? Non, il n'y a pas de légumes.
10. Est-ce qu'il y a de la confiture? Oui, il y a de la confiture.

Les Adjectifs Possessifs au Pluriel (page 40)

You have already learned the possessive adjectives for my, your, and his/her. Below are the forms for our, your and their.

	Singular	Plural
our	notre livre / notre classe	nos livres / nos classes
*your	votre livre / votre classe	vos livres / vos classes
their	leur livre / leur classe	leurs livres / leurs classes

Note: The forms of these possessive adjectives are the same for masculine and feminine nouns.

Notre maison est petite, mais notre chambre à coucher est grande.
Leur viande est excellente, mais leur salade n'est pas très bonne.

Écrivez les adjectifs corrects.
1. our dog   notre chien
2. their cats   leurs chats
3. your book   votre livre
4. their bike   leur vélo
5. our notebooks   nos cahiers
6. your records   vos disques

*Votre and vos are used when talking to more than one person or to a person with whom one would use the formal vous.

(page 41)

Pretend you are in a restaurant. Ask about the following menu items.

(viande) Comment est votre viande?
1. (fruits) Comment sont vos fruits?
2. (pain) Comment est votre pain?
3. (fromage) Comment est votre fromage?
4. (desserts) Comment sont vos desserts?
5. (légumes) Comment sont vos légumes?

Now ask your friend about the following items.

(poulet) Comment est leur poulet?
1. (café) Comment est leur café?
2. (poisson) Comment est leur poisson?
3. (tartes) Comment sont leurs tartes?
4. (glace) Comment est leur glace?
5. (hamburgers) Comment sont leurs hamburgers?

Pretend you are a new waiter/waitress. A customer asks you about the following menu items. Since you didn't know, you have to ask your boss.

haricots verts Comment sont nos haricots verts?
1. (petits pois) Comment sont nos petits pois?
2. (pâtisserie) Comment sont nos pâtisseries?
3. (salade) Comment est notre salade?
4. (fraises) Comment sont nos fraises?
5. (thé) Comment est notre thé?

Révision des Adjectifs Possessifs (page 42)

Pretend you are showing a new friend around school.

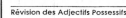

Voilà notre professeur. Voilà nos pupitres. Voilà notre tableau noir.

Show your friend his/her new things at school.

Voilà tes livres. Voilà tes stylos. Voilà ton pupitre.

Show your new friend some of the things you have at school.

Voilà mes amis. Voilà mon crayon. Voilà mes radios.

(page 43)

Répondez aux questions.

1. Est-ce que ce sont vos disques?
Oui, ce sont mes/nos disques.
2. Est-ce que c'est ton chien?
Oui, c'est mon chien.
3. Ce sont vos livres?
Non, ce ne sont pas nos livres.
4. C'est ton cahier?
Oui, c'est mon cahier.
5. Ce sont leurs légumes?
Oui, ce sont leurs légumes.
6. Est-ce que c'est votre voiture?
Non, ce n'est pas notre voiture.
7. C'est ma radio?
Oui, c'est ta radio.
8. Est-ce que ce sont mes stylos?
Oui, ce sont tes stylos.
9. Ce sont leurs vélos?
Non, ce ne sont pas leurs vélos.
10. C'est sa maison?
Non, ce n'est pas sa maison.

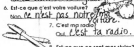

Faire (page 44)

To do/to make

Faire is an important irregular verb. It is used in talking about many activities. It means to do or to make.

je	fais	nous	faisons
tu	fais	vous	faites
il/elle	fait	ils/elles	font

Je fais une salade.
(I am making a salad.)
Qu'est-ce que vous faites?
(What are you doing? / What do you do?)

The verb faire is also used in many idiomatic expressions. These types of expressions do not translate directly from one language to another.

Écrivez les expressions idiomatiques en français et anglais.

faire du camping
to go camping
faire du camping
Nous allons faire du camping.

faire une promenade
faire une promenade
to take a walk
Ils font une promenade.

(page 45)

faire la vaisselle
to do the dishes
Ma mère fait la vaisselle.

faire un pique-nique
to go on a picnic
Nous faisons un pique-nique.

faire des devoirs
to do homework
Elles font des devoirs.

faire le ménage
to do housework
Ma mère fait le ménage.

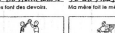

faire du sport
to do sports
Marc fait du sport.

faire la cuisine
to prepare food
Mon père fait la cuisine.

0-88012-994-8

Responsabilités
Responsibilities

Tell what the following people do.

1. Marc et Anne font la vaisselle.
2. Valérie fait la vaisselle.
3. Je fais du camping.
4. Nous faisons du camping.
5. Mes parents font une promenade.
6. Vous faites une promenade.
7. Tu fais des devoirs.
8. Robert fait des devoirs.
9. Notre classe fait un pique-nique.
10. Nos familles font un pique-nique.
11. Ils font du sport.
12. Elle fait du sport.

Did you know . . .
French is spoken in certain areas of southern Louisiana?

©1993 Instructional Fair, Inc.   46   #0219 French

13. Je fais le ménage.
14. Madame Calvez fait le ménage.
15. Nos frères font du sport.
16. Les garçons font du sport.
17. Tu fais la cuisine.
18. Nous faisons la cuisine.
19. Vous faites un pique-nique.
20. Marie et Jean font un pique-nique.
21. Ils font du camping.
22. Mes grands-parents font du camping.
23. Je fais du piano.
24. Elle fait du piano.

Did you know . . .
Easter is called Pâques in France?

©1993 Instructional Fair, Inc.   47   #0219 French

Qu'est-ce que tu fais?
What are you doing?

Répondez aux questions.

Qu'est-ce qu'il fait? (faire du ski)

Il fait du ski.

1. Qu'est-ce que tu fais?
Je chante.

2. Qu'est-ce qu'ils font?
Ils font du sport.

3. Qu'est-ce que vous faites?
Vous faites du camping.

4. Qu'est-ce qu'elle fait?
Elle regarde la télévision.

5. Qu'est-ce que tu fais?
J'écoute la radio.

6. Qu'est-ce qu'il fait?
Il fait ses devoirs.

©1993 Instructional Fair, Inc.   48   #0219 French

Écrivez les questions.

Il fait du sport.
Qu'est-ce qu'il fait?

1. Ils font du camping.
Qu'est-ce qu'ils font?

2. Marie saute.
Qu'est-ce que Marie fait?

3. Elle fait la vaisselle.
Qu'est-ce qu'elle fait?

4. Nous faisons du piano.
Qu'est-ce que vous faites?

5. Je fais un voyage.
Qu'est-ce que tu fais?

6. Elles font une promenade.
Qu'est-ce qu'elles font?

7. Il regarde la télévision.
Qu'est-ce qu'il fait?

8. Nous faisons les courses.
Qu'est-ce que vous faites?

9. Elle fait des devoirs.
Qu'est-ce qu'elle fait?

10. Je fais le marché.
Qu'est-ce que tu fais?

©1993 Instructional Fair, Inc.   49   #0219 French

Le Temps
Weather

Faire is also used to talk about the weather.

Quel temps fait-il aujourd'hui?
(What is the weather like today?)

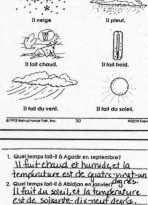

Il fait beau.   Il fait mauvais.

Il neige.   Il pleut.

Il fait chaud.   Il fait froid.

Il fait du vent.   Il fait du soleil.

©1993 Instructional Fair, Inc.   50   #0219 French

Tell what the weather is like in each situation.

Quel temps fait-il . . .

à Paris?
Il fait beau à Paris.

à Seattle?
Il pleut à Seattle.

à Denver?
Il neige à Denver.

à Chicago?
Il fait du vent à Chicago.

en automne? (in autumn)
Il fait du vent en automne.

en été? (in summer)
Il fait chaud en été.

au printemps? (in spring)
Il pleut au printemps.

en hiver? (in winter)
Il neige en hiver.

©1993 Instructional Fair, Inc.   51   #0219 French

Quel temps fait-il à . . . ?
What's the weather like in . . . ?

In France and Canada, the climates are very similar to that of the U.S. There are, however, many French-speaking countries with climates that differ greatly from those in these three countries.

Study the chart below and answer the following questions.

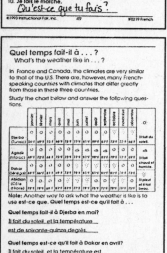

Note: Another way to ask what the weather is like is to use est-ce que, Quel temps est-ce qu'il fait à . . .

Quel temps fait-il à Djerba en mai?
Il fait du soleil, et la température est de soixante-quinze degrés.

Quel temps est-ce qu'il fait à Dakar en avril?
Il fait du soleil, et la température est de soixante-neuf degrés.

©1993 Instructional Fair, Inc.   52   #0219 French

---

1. Quel temps fait-il à Agadir en septembre?
Il fait chaud et humide, et la température est de quatre-vingt-un degrés.

2. Quel temps fait-il à Abidjan en janvier?
Il fait du soleil, et la température est de soixante-dix-neuf degrés.

3. Quel temps est-ce qu'il fait à Dakar en septembre?
Il fait chaud et humide, et la température est de quatre-vingt-un degrés.

4. Quel temps fait-il à Abidjan en juin?
Il fait beau et il pleut, et la température est de soixante-dix-sept degrés.

5. Quel temps est-ce qu'il fait à Agadir en août?
Il fait chaud et humide, et la température est de quatre-vingt-dix-neuf degrés.

6. Quel temps est-ce qu'il fait à Djerba en décembre?
Il fait chaud et humide, et la température est de soixante-six degrés.

7. Quel temps fait-il à Dakar en octobre?
Il fait beau et il pleut, et la température est de quatre-vingt-un degrés.

8. Quel temps fait-il à Abidjan en février?
Il fait du soleil, et la température est de soixante-dix-neuf degrés.

©1993 Instructional Fair, Inc.   53   #0219 French

A Faire Review

1. Quel temps fait-il? Il fait beau. Il fait du soleil.

2. Qu'est-ce que la mère fait? Elle fait la cuisine.

3. Qu'est-ce que Marc fait? Marc fait ses devoirs.

4. Les garçons, qu'est-ce qu'ils font? Ils nagent.

5. Est-ce qu'il fait froid? Non, il ne fait pas froid.

6. Qu'est-ce que Paulette fait? Paulette fait le ménage.

7. Est-ce qu'il fait beau? Oui, il fait beau.

8. Est-ce qu'il fait Didier fait? Didier fait du piano.

©1993 Instructional Fair, Inc.   54   #0219 French

0-88012-994-8

Panel 1

1. Qu'est-ce que la famille fait? *La famille fait du camping.*
2. Est-ce qu'il pleut? *Non, il ne pleut pas.*
3. Quel temps fait-il? *Il fait du vent.*
4. Qu'est-ce que le garçon fait? *Le garçon fait du sport.*
5. Les parents, qu'est-ce qu'ils font? *Ils font une promenade.*
6. Est-ce qu'il y a du soleil? *Non, il n'y a pas de soleil.*
7. Est-ce qu'il fait froid? *Non, il ne fait pas froid.*
8. Est-ce que la fille fait des courses? *Non, la fille ne fait pas de courses.*

© 1993 Instructional Fair, Inc.   55   #0219 French

Panel 2 — Les Sports – Jouer à et Faire

Different verbs are used to talk about participation in various sports. Study which verb, jouer à or faire, is used with each sport below and on page 57.
Note: Jouer is used if you can 'play' the game.

jouer au tennis — jouer au basket-ball — jouer au hockey

jouer au tennis   jouer au basket-ball   jouer au hockey

jouer au golf — jouer au base-ball

jouer au golf   jouer au base-ball

jouer au volley-ball — jouer au football

jouer au volley-ball   jouer au football

© 1993 Instructional Fair, Inc.   56   #0219 French

Panel 3

Note: Faire is used for sports and activities that are sometimes recreational but that can also involve competition.

faire de l'athlétisme — faire du patinage sur glace — faire du jogging

faire de l'athlétisme   faire de patinage sur glace   faire du jogging

faire du vélo — faire du ski — faire du ski nautique

faire du vélo   faire du ski   faire du ski nautique

faire de la lutte — faire de la gymnastique — faire de la boxe

faire de la lutte   faire de la gymnastique   faire de la boxe

© 1993 Instructional Fair, Inc.   57   #0219 French

Panel 4 — Tu fais du sport?

Conjugate the verb jouer. Note: It is a regular -er verb.

verb – jouer	stem *jou*
je *joue*	nous *jouons*
tu *joues*	vous *jouez*
il/elle *joue*	ils/elles *jouent*

Répondez aux questions.

Est-ce que tu joues au tennis? *Oui, je joue au tennis.*

1. Est-ce que vous faites de la gymnastique? *Oui, nous faisons de la gymnastique.*
2. Est-ce que tu joues au golf? *Oui, je joue au golf.*
3. Est-ce que vous jouez au base-ball? *Oui, nous jouons au base-ball.*
4. Est-ce qu'ils font du ski nautique? *Oui, ils font du ski nautique.*

5. Est-ce que Marie fait du jogging? *Oui, Marie fait du jogging.*
6. Est-ce que Jeanne et Marie jouent au football? *Oui, Marie et Jeanne jouent au football.*

© 1993 Instructional Fair, Inc.   58   #0219 French

Panel 5 — Écrivez le verb correct.

Est-ce que vous *jouez* au tennis?

1. Je *fais* du vélo.
2. Nous *jouons* au hockey.
3. Marc et Paul *jouent* au golf.
4. Elle *joue* au basket-ball.
5. Est-ce qu'elles *font* de la gymnastique?
6. Tu *joues* au volley-ball.
7. Nous *faisons* de la boxe.
8. Vous *faites* de l'athlétisme.
9. Je *fais* de la lutte.
10. Est-ce qu'ils *jouent* au football?
11. Mr. Dupont *fait* du ski.
12. Est-ce que Paul *fait* du ski nautique?
13. Marc *joue* au base-ball.
14. Nous *jouons* au hockey.
15. Vous *faites* du patinage sur glace.
16. Ma mère *fait* du jogging.
17. Je *joue* au tennis.
18. Tu *fais* du vélo.
19. Ils *font* de la lutte.
20. Les filles *jouent* au golf.

© 1993 Instructional Fair, Inc.   59   #0219 French

Panel 6 — Qui fait du sport?

Who is playing sports?
Tell what sports the people below participate in.

Je joue au volley-ball.

1. Annick *joue au volley-ball.*
2. Nous *jouons au golf.*
3. Ils *jouent au golf.*
4. Vous *faites du ski.*
5. Marc et Paul *font du ski.*
6. Je *fais du ski nautique.*
7. Elle *fait du ski nautique.*
8. Elle *fait du patinage sur glace.*
9. Nous *faisons du patinage sur glace.*
10. Mes parents *jouent au tennis.*
11. Vous *jouez au tennis.*
12. Je *joue au hockey.*
13. Tu *joues au hockey.*

© 1993 Instructional Fair, Inc.   60   #0219 French

Panel 7

Tell what people would do or not do with the items pictured below. Make the second sentence under each picture negative using ne...pas.

Nous *jouons au* basket-ball.
Elles *ne jouent pas au* basket-ball.

Vous *faites du jogging.*
Anne et Robert *ne font pas de jogging.*

Ils *jouent au* Base-ball.
Les garçons *ne jouent pas au base-ball.*

Je *fais de la* gymnastique.
Je *ne fais pas de gymnastique.*

Marc *joue au football.*
Je *ne joue pas au football.*

Vous *faites de la boxe.*
Vous *ne faites pas de boxe.*

© 1993 Instructional Fair, Inc.   61   #0219 French

Panel 8 — Où est-ce qu'on va pour acheter...?

Where do you go to buy...?

... des pâtisseries? — *J'achète des pâtisseries à la pâtisserie.*

... du pain? — *J'achète du pain à la boulangerie.*

... du lait, du beurre? — *J'achète du lait, du beurre et du fromage à la crèmerie.*

... de la viande? — *Je vais à la boucherie pour acheter de la viande.*

... des sandwiches? — *Je vais à la charcuterie pour acheter des sandwichs.*

... toutes les choses? — *Je vais au supermarché pour acheter toutes les choses.*

© 1993 Instructional Fair, Inc.   62   #0219 French

Panel 9 — Répondez aux questions.

Qu'est-ce que tu achètes à la pâtisserie?
J'achète des pâtisseries à la pâtisserie.

Qu'est-ce que Marc achète toutes les choses?
Marc achète toutes les choses au supermarché.

1. Qu'est-ce qu'elles achètent à la boulangerie? *Elles achètent du pain à la boulangerie.*
2. Qu'est-ce que vous achetez à la crèmerie? *Nous achetons du lait, du beurre et du fromage à la crèmerie.*
3. Où est-ce que Madame Laporte achète des sandwichs? *Madame Laporte achète des sandwichs à la charcuterie.*
4. Qu'est-ce qu'il achète à la boucherie? *Il achète de la viande à la boucherie.*
5. Où est-ce qu'ils achètent de la viande? *Ils achètent de la viande à la boucherie.*
6. Où est-ce que tu achètes du pain? *J'achète du pain à la boulangerie.*

© 1993 Instructional Fair, Inc.   63   #0219 French

Combien coûte . . . ?
How much is . . . ?

To ask how much something costs, the verb **coûter** (to cost), is used with **combien** (how much).

Example: Combien coûte ce disque?
Il coûte 20 francs.

There is a sale at your favorite clothing store. This is great because you have several birthday gifts to buy. Ask the salesperson how much the items in parentheses cost. Write her response using the price in parentheses.

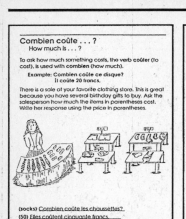

(socks) Combien coûte les chaussettes?
(50) Elles coûtent cinquante francs.

1. (shorts) Combien coûte le short?
(248F) Ils coûtent deux cent quarante-huit francs.

---

2. (ties) Combien coûte les cravates?
(75F) Elles coûtent soixante-quinze.
3. (dresses) Combien coûte les jupes?
(365F) Les jupes coûtent trois cent soixante-cinq francs.
4. (pants) Combien coûte le pantalon?
(289F) Il coûte deux cent quatre-vingt-...
5. (swimsuits) Combien coûte les maillots?
(310F) Ils coûtent trois cent dix francs.
6. (sunglasses) Combien coûte les lunettes (de soleil)?
(95F) Elles coûtent quatre-vingt-quinze francs.
7. (shirts) Combien coûte les chemises?
(149F) Elles coûtent cent quarante-neuf francs.
8. (tennis shoes) Combien coûte les chaussures de tennis?
(660F) Elles coûtent six cent soixante francs.

Le Plan
Layout

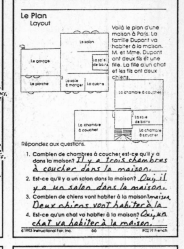

Voilà le plan d'une maison à Paris. La famille Dupont va habiter dans la maison. M. et Mme. Dupont ont deux fils et une fille d'un chat et les fils ont deux chiens.

Répondez aux questions.

1. Combien de chambres à coucher est-ce qu'il y a dans la maison? Il y a trois chambres à coucher dans la maison.
2. Est-ce qu'il y a un salon dans la maison? Oui, il y a un salon dans la maison.
3. Combien de chiens vont habiter à la maison? Deux chiens vont habiter à la maison.
4. Est-ce qu'un chat va habiter à la maison? Oui, un chat va habiter à la maison.

---

5. Combien de personnes vont habiter dans la maison? Cinq personnes vont habiter dans la maison.
6. Est-ce qu'il y a une cuisine dans la maison? Oui, il y a une cuisine dans la maison.
7. Combien de salles de bains est-ce qu'il y a dans la maison? Il y a deux salles de bains dans la maison.
8. Est-ce que la famille a trois chiens? Non, la famille a deux chiens.
9. Est-ce que M. et Mme. Dupont ont cinq enfants? Non, M. et Mme. Dupont ont trois enfants.
10. Est-ce qu'il y a escalier dans la maison? Oui, il y a un escalier dans la maison.
11. Combien de filles vont habiter dans la maison? Une fille va habiter dans la maison.
12. Combien de portes est-ce qu'il y a dans la maison? Il y a seize portes dans la maison.
13. Est-ce qu'il y a un garage dans la maison? Oui, il y a un garage dans la maison.
14. Est-ce qu'il y a un porche dans la maison? Oui, il y a un porche dans la maison.

Le Dialogue

Lisez le dialogue et répondez aux questions.

Jean-Paul: Bonjour!
Marie-Claire: Bonjour! Comment t'appelles-tu?
J.P.: Je m'appelle Jean-Paul. Et toi?
M.C.: Je m'appelle Marie-Claire.
J.P.: Où est-ce que tu habites?
M.C.: J'habite dans une maison à Paris avec mes parents, mes deux frères, ma sœur et mon chat. Où habites-tu?
J.P.: J'habite dans un appartement à Paris avec ma mère, ma sœur et nos deux chiens.
M.C.: Quel âge as-tu?
J.P.: J'ai quinze ans. Et toi?
M.C.: J'ai quinze ans aussi.
J.P.: Est-ce que tu as soif?
M.C.: Oui. J'ai besoin de thé.
J.P.: J'ai soif et j'ai faim aussi. J'ai besoin d'un sandwich.
M.C.: C'est ton vélo?
J.P.: Oui, c'est mon vélo. On y va! (Let's go!)

1. Où est-ce que Jean-Paul habite? Jean-Paul habite dans un appartement à Paris.
2. Est-ce qu'il habite dans une maison? Non, il n'habite pas dans une maison.
3. Est-ce que Marie-Claire habite dans une maison? Oui, elle habite dans une maison.

---

4. Où est-ce que Marie-Claire habite? Marie-Claire habite à Paris.
5. Quel âge ont-ils? Ils ont quinze ans.
6. Combien de frères et de sœurs est-ce que Marie-Claire a? Marie-Claire a deux frères et un sœur.
7. Est-ce que Jean-Paul a des frères ou des sœurs? Jean-Paul a une sœur.
8. Combien de chats est-ce qu'il y a chez Marie-Claire? Il y a un chat chez Marie-Claire.
9. Combien de chats est-ce qu'il y a chez Jean-Paul? Il n'y a pas de chats chez Jean-Paul.
10. Est-ce que Jean-Paul a des chiens? Oui, Jean-Paul a deux chiens.
11. Est-ce que Marie-Claire a faim? Non, Marie-Claire a soif.
12. Est-ce que Jean-Paul a faim? Oui, Jean-Paul a faim.
13. Est-ce que Marie-Claire a un vélo? Non, Marie-Claire n'a pas de vélo.
14. Est-ce que Jean-Paul a un vélo? Oui, Jean-Paul a un vélo.

Les Mots Croisés

Use the clues below to solve the crossword puzzle on page 71.

Horizontalement
4. Combien coûte ce disque? Il coûte 50F.
5. translate: There is/there are il y a
7. indicate the future – Nous allons aller à la page.
8. How are they? – Comment vont- ils?
9. Nous faisons du camping.
12. his brothers – ses frères
13. The weather is nice. – Il fait beau
15. Quel âge avez - vous?
16. translate: window – la fenêtre

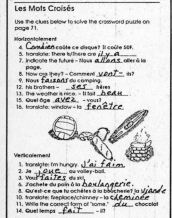

Verticalement
1. translate: I'm hungry. J'ai faim
2. Je joue au volley-ball.
3. Vous faites du ski.
6. J'achète du pain à la boulangerie.
8. Qu'est-ce que tu achètes à la boucherie? la viande
10. translate: fireplace/chimney – la cheminée
11. Write the correct form of 'some.' du chocolat
14. Quel temps fait - il?

Did you know . . .
Montreal ranks second in population to Paris among the French-speaking cities of the world?

Révision
Review

Écrivez les mots en français.

floor – le plancher
carpet – le tapis
bedroom – la chambre coucher
butcher shop – la boucherie
à + le = au   à + les = aux
to go – aller   to need – avoir besoin de
some water – de l'eau   our books – nos livres
to do dishes – faire la vaisselle
to play hockey – jouer au hockey

to go camping – faire du camping
it is cold. Il fait froid.
it is raining. Il pleut.
deli – la charcuterie
to cost – coûter
how much – combien

to have – avoir
closet – le placard
bathroom – la salle de bains
refrigerator – le réfrigérateur

©1993 Instructional Fair, Inc.   64   IF0219 French
©1993 Instructional Fair, Inc.   65   IF0219 French
©1993 Instructional Fair, Inc.   66   IF0219 French
©1993 Instructional Fair, Inc.   67   IF0219 French
©1993 Instructional Fair, Inc.   68   IF0219 French
©1993 Instructional Fair, Inc.   69   IF0219 French
©1993 Instructional Fair, Inc.   70   IF0219 French
©1993 Instructional Fair, Inc.   71   IF0219 French
©1993 Instructional Fair, Inc.   72   IF0219 French

3. **How are they?** (elles) _____

   They are fine. _____

4. **How are you?** (vous) _____

   I am great. _____

5. **How is she?** _____

   She is fine, thanks. _____

6. **How are they** (ils)? _____

   They are very well. And you? (vous) _____

   _____

Fill in the blanks below the pictures with the missing words.

0-88012-994-8

De la / De l' / Du
Some

To say **some** in French (some bread, some water, etc.),
the partitive article is used. Its forms are:

du (de + le before a masculine noun) – **du chocolat**

de la (before a feminine noun) – **de la viande**

de l' (before a noun beginning with a vowel sound)
– **de l'eau**

des (before plural nouns) – **des fruits**

Nous achetons du pain. (We are buying some bread.)

J'ai de la glace. (I have some ice cream.)

Marc va boire de l'eau. (Marc is going to drink some
water.)

Vous avez des fruits. (You have some fruit.)

In a negative sentence, the partitive article always becomes **de** or **d'** before a vowel sound.

Je n'ai pas de glace.
Elles n'ont pas d'eau minérale.
Tu n'as pas de fruits.

Write the correct partitive articles and nouns in French.

1. some cheese _____

2. some tea _____

3. some ice cream _____

4. some water _____

5. some meat _____

6. some butter _____

    0-88012-994-8

Qu'est-ce qu'il y a dans le frigo?

1. **Est-ce qu'il y a de la glace?** _____

   _____

2. **Y a-t-il du chocolat?** _____

   _____

3. **Y a-t-il de la viande?** _____

4. **Est-ce qu'il y a du fromage?** _____

5. **Est-ce qu'il y a de l'eau minérale?** _____

   _____

6. **Y a-t-il du poulet?** _____

7. **Est-ce qu'il y a du pain?** _____

   _____

8. **Y a-t-il des fruits?** _____

9. **Y a-t-il des légumes?** _____

   _____

10. **Est-ce qu'il y a de la confiture?** _____

    _____

© 2007 Frank Schaffer Publications 0-88012-994-8

Les Adjectifs Possessifs au Pluriel

You have already learned the possessive adjectives for **my, your,** and **his/her**. Below are the forms for **our, your** and **their**.

	Singular	Plural
our	**notre** livre **notre** classe	**nos** livres **nos** classes
*your	**votre** livre **votre** classe	**vos** livres **vos** classes
their	**leur** livre **leur** classe	**leurs** livres **leurs** classes

Note: The forms of these possessive adjectives are the same for masculine and feminine nouns.

Notre maison est petite, mais notre chambre à coucher est grande.

Leur viande est excellente, mais leur salade n'est pas très bonne.

Écrivez les adjectifs corrects.

1. our dog _____
2. their cats _____
3. your book _____
4. their bike _____
5. our notebooks _____
6. your records _____

***Votre** and **vos** are used when talking to more than one person or to a person with whom one would use the formal **vous**.

0-88012-994-8

Pretend you are in a restaurant. Ask about the following menu items.

(**viande**) <u>Comment est votre viande?</u>

1. (**fruits**) _____

2. (**pain**) _____

3. (**fromage**) _____

4. (**desserts**) _____

5. (**légumes**) _____

Now ask your friend about the following items.

(**poulet**) <u>Comment est leur poulet?</u>

1. (**café**) _____

2. (**poisson**) _____

3. (**tartes**) _____

4. (**glace**) _____

5. (**hamburgers**) _____

Pretend you are a new waiter/waitress. A customer asks you about the following menu items. Since you didn't know, you have to ask your boss.

haricots verts <u>Comment sont nos haricots verts?</u>

1. (**petits pois**) _____

2. (**pâtisseries**) _____

3. (**salade**) _____

4. (**fraises**) _____

5. (**thé**) _____

Révision des Adjectifs Possessifs

Pretend you are showing a new friend around school.

 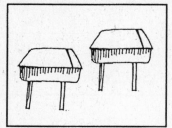 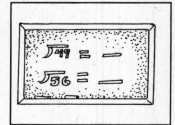

Voilà notre _____ _____

professeur. _____ _____

Show your new friend **his/her** new things at school.

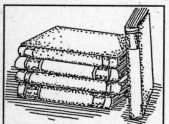  

_____ _____ _____

_____ _____ _____

Show your new friend some of the things **you** have at school.

 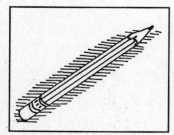 

_____ _____ _____

_____ _____ _____

0-88012-994-8

Répondez aux questions.

1. **Est-ce que ce sont vos disques?**

   Oui,_____

2. **Est-ce que c'est ton chien?**

   Oui,_____

3. **Ce sont nos livres?**

   Non,_____

4. **C'est ton cahier?**

   Oui,_____

5. **Ce sont leurs légumes?**

   Oui,_____

6. **Est-ce que c'est votre voiture?**

   Non,_____

7. **C'est ma radio?**

   Oui,_____

8. **Est-ce que ce sont mes stylos?**

   Oui,_____

9. **Ce sont leurs vélos?**

   Non,_____

10. **C'est sa maison?**

    Non,_____

© 2007 Frank Schaffer Publications 0-88012-994-8

Faire

To do/to make

Faire is an important irregular verb. It is used in talking about many activities. It means **to do** or **to make**.

je	**fais**	nous	**faisons**
tu	**fais**	vous	**faites**
il/elle	**fait**	ils/elles	**font**

Je fais une salade.
(I am making a salad.)

Qu'est-ce que vous faites?
(What are you doing? / What do you do?)

The verb **faire** is also used in many idiomatic expressions. These types of expressions do not translate directly from one language to another.

Écrivez les expressions idiomatiques en français et anglais.

faire du camping

faire une promenade

faire du camping

to go camping

Nous allons faire du camping.

Ils font une promenade.

0-88012-994-8

faire la vaisselle

faire un pique-nique

Ma mère fait la vaisselle.

Nous faisons un pique-nique.

faire des devoirs

faire le ménage

Elles font des devoirs.

Ma mère fait le ménage.

faire du sport

faire la cuisine

Marc fait du sport.

Mon père fait la cuisine.

© 2007 Frank Schaffer Publications 0-88012-994-8

Responsabilités
Responsibilities

Tell what the following people do.

1. **Marc et Anne** font la vaisselle.
2. **Valérie** _____

3. **Je** _____
4. **Nous** _____

5. **Mes parents** _____
6. **Vous** _____

7. **Tu** _____
8. **Robert** _____

9. **Notre classe** _____
10. **Nos familles** _____

11. **Ils** _____
12. **Elle** _____

Did you know . . .
French is spoken in certain areas of southern Louisiana?

0-88012-994-8

13. __Je__ _____

14. __Madame Calvez__ _____

15. __Nos frères__ _____

16. __Les garçons__ _____

17. __Tu__ _____

18. __Nous__ _____

19. __Vous__ _____

20. __Marie et Jean__ _____

21. __Ils__ _____

22. __Mes grands-parents__ _____

23. __Je__ _____

24. __Tu__ _____

Did you know . . .
Easter is called _Pâques_ in France?

0-88012-994-8

Qu'est-ce que tu fais?

What are you doing?

Répondez aux questions.

Qu'est-ce qu'il fait? (faire du ski)

Il fait du ski.

1. **Qu'est-ce que tu fais?**

2. **Qu'est-ce qu'ils font?**

3. **Qu'est-ce que vous faites?**

4. **Qu'est-ce qu'elle fait?**

5. **Qu'est-ce que tu fais?**

6. **Qu'est-ce qu'il fait?**

Écrivez les questions.

Il fait du sport.

Qu'est-ce qu'il fait?

1. **Ils font du camping.**

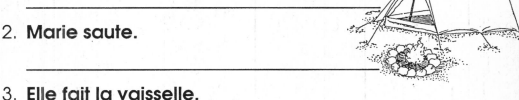

2. **Marie saute.**

3. **Elle fait la vaisselle.**

4. **Nous faisons du piano.**

5. **Je fais un voyage.**

6. **Elles font une promenade.**

7. **Il regarde la télévision.**

8. **Nous faisons les courses.**

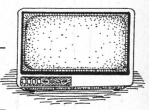

9. **Elle fait des devoirs.**

10. **Je fais le marché.**

0-88012-994-8

Le Temps
Weather

Faire is also used to talk about the weather.

Quel temps fait-il aujourd'hui?
(What is the weather like today?)

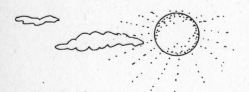

Il fait beau.

Il fait mauvais.

Il neige

Il pleut.

Il fait chaud.

Il fait froid.

Il fait du vent.

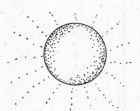

Il fait du soleil.

0-88012-994-8

Tell what the weather is like in each situation.

Quel temps fait-il . . .

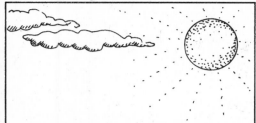

à Paris?

à Seattle?

Il fait beau à Paris.

à Denver?

à Chicago?

en automne?
(in autumn)

en été?
(in summer)

au printemps?
(in spring)

en hiver?
(in winter)

Quel temps fait-il à . . . ?
What's the weather like in . . . ?

In France and Canada, the climates are very similar to that of the U.S. There are, however, many French-speaking countries with climates that differ greatly from those in these three countries.

Study the chart below and answer the following questions.

	janvier	février	mars	avril	mai	juin	juillet	août	septembre	octobre	novembre	décembre	☼
Djerba (Tunisic)	☼ 54°F	☼ 69°F	☼ 73°F	☼ 66°F	☼ 75°F	☼ 77°F	☼ 81°F	☼ 99°F	☼ 81°F	🌧 73°F	🌧 77°F	🌧 66°F	Il fait du soleil.
Agadir (Maroc)	☼ 69°F	☼ 72°F	☼ 68°F	☼ 75°F	☼ 75°F	☁ 77°F	☁ 81°F	☁ 99°F	☼ 81°F	☼ 79°F	☼ 77°F	☁ 69°F	Il fait chaud et humide.
Dakar (Sénégal)	☼ 69°F	☼ 66°F	☼ 81°F	☼ 69°F	🌧 73°F	🌧 79°F	🌧 81°F	🌧 81°F	🌧 81°F	☼ 81°F	☼ 79°F	☼ 73°F	Il pleut et il fait beau.
Abidjan (Côte d'Iroire)	☼ 79°F	☼ 79°F	☼ 69°F	🌧 81°F	🌧 81°F	🌧 77°F	☼ 79°F	☼ 75°F	🌧 77°F	🌧 79°F	☼ 79°F	☼ 75°F	

Note: Another way to ask what the weather is like is to use **est-ce que**. **Quel temps est-ce qu'il fait à . . .**

Quel temps fait-il à Djerba en mai?

Il fait du soleil, et la température

est de soixante-quinze degrés.

Quel temps est-ce qu'il fait à Dakar en avril?

Il fait du soleil, et la température est

de soixante-neuf degrés.

0-88012-994-8

1. **Quel temps fait-il à Agadir en septembre?**

   _____

   _____

2. **Quel temps fait-il à Abidjan en janvier?**

   _____

   _____

3. **Quel temps est-ce qu'il fait à Dakar en septembre?**

   _____

   _____

4. **Quel temps fait-il à Abidjan en juin?**

   _____

   _____

5. **Quel temps est-ce qu'il fait à Agadir en août?**

   _____

   _____

6. **Quel temps est-ce qu'il fait à Djerba en décembre?**

   _____

   _____

7. **Quel temps fait-il à Dakar en octobre?**

   _____

   _____

8. **Quel temps fait-il à Abidjan en février?**

   _____

   _____

A *Faire* Review

1. **Quel temps fait-il?** _____

   _____

2. **Qu'est-ce que la mère fait?** _____

   _____

3. **Qu'est-ce que Marc fait?** _____

   _____

4. **Les garçons, qu'est-ce qu'ils font?** _____

5. **Est-ce qu'il fait froid?** _____

   _____

6. **Qu'est-ce que Paulette fait?** _____

   _____

7. **Est-ce qu'il fait beau?** _____

8. **Qu'est-ce que Didier fait?** _____

   _____

1. **Qu'est-ce que la famille fait?** _____

_____

2. **Est-ce qu'il pleut?** _____

3. **Quel temps fait-il?** _____

4. **Qu'est-ce que le garçon fait?** _____

_____

5. **Les parents, qu'est-ce qu'ils font?** _____

_____

6. **Est-ce qu'il y a du soleil?** _____

_____

7. **Est-ce qu'il fait froid?** _____

_____

8. **Est-ce que la fille fait des courses?** _____

_____

© 2007 Frank Schaffer Publications

0-88012-994-8

Les Sports – *Jouer à et Faire*

Different verbs are used to talk about participation in various sports. Study which verb, **jouer à** or **faire**, is used with each sport below and on page 57.
Note: Jouer is used if you can "play" the game.

jouer au tennis

jouer au basket-ball

jouer au hockey

jouer au tennis

jouer au golf

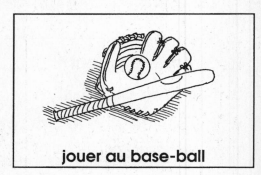
jouer au base-ball

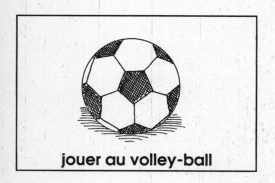
jouer au volley-ball

jouer au football

0-88012-994-8

Note: Faire is used for sports and activities that are sometimes recreational but that can also involve competition.

faire de l'athlétisme

faire du patinage sur glace

faire du jogging

_____

faire du vélo

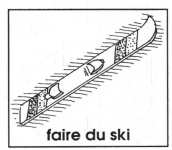
faire du ski

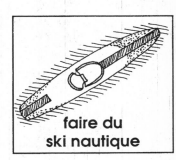
faire du ski nautique

_____

faire de la lutte

faire de la gymnastique

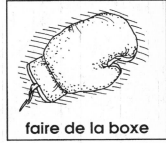
faire de la boxe

_____

© 2007 Frank Schaffer Publications

0-88012-994-8

Tu fais du sport?

Conjugate the verb **jouer**. **Note:** It is a regular **-er** verb.

verb – jouer	stem _____
je _____	nous _____
tu _____	vous _____
il/elle _____	ils/elles _____

Répondez aux questions.

Est-ce que tu joues au tennis?

Oui, je joue au tennis. _____

1. **Est-ce que vous faites de la gymnastique?** Oui, nous _____

   _____

2. **Est-ce que tu joues au golf?**

   Oui, _____

3. **Est-ce que vous jouez au base-ball?**

   Oui, nous _____

4. **Est-ce qu'ils font du ski nautique?**

   Oui, _____

5. **Est-ce que Marie fait du jogging?**
   Oui, _____

6. **Est-ce que Jeanne et Marie jouent au football?** Oui, _____

   _____

Écrivez le verb correct.

Est-ce que vous _jouez_ **au tennis?**

1. **Je** _____ **du vélo.**

2. **Nous** _____ **au hockey.**

3. **Marc et Paul** _____ **au golf.**

4. **Elle** _____ **au basket-ball.**

5. **Est-ce qu'elles** _____ **de la gymnastique?**

6. **Tu** _____ **au volley-ball.**

7. **Nous** _____ **de la boxe.**

8. **Vous** _____ **de l'athlétisme.**

9. **Je** _____ **de la lutte.**

10. **Est-ce qu'ils** _____ **au football?**

11. **Mr. Dupont** _____ **du ski.**

12. **Est-ce qu'elles** _____ **du ski nautique?**

13. **Marc** _____ **au base-ball.**

14. **Nous** _____ **au hockey.**

15. **Vous** _____ **du patinage sur glace.**

16. **Ma mère** _____ **du jogging.**

17. **Je** _____ **au tennis.**

18. **Tu** _____ **du vélo.**

19. **Ils** _____ **de la lutte.**

20. **Les filles** _____ **au golf.**

0-88012-994-8

Qui fait du sport?

Who is playing sports?

Tell what sports the people below participate in.

Je joue au volley-ball.

1. **Annick** _____

2. **Nous** _____
3. **Ils** _____

4. **Vous** _____
5. **Marc et Paul** _____

6. **Tu** _____
7. **Elle** _____

8. **Elle** _____
9. **Nous** _____

0. **Mes parents** _____
11. **Vous** _____

12. **Je** _____
13. **Tu** _____

© 2007 Frank Schaffer Publications

0-88012-994-8

Tell what people would do or not do with the items pictured below. Make the second sentence under each picture negative using **ne . . . pas**.

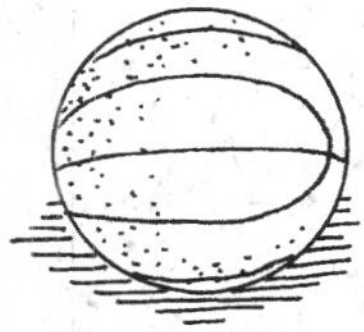

Nous jouons au basket-ball.

Elles ne jouent pas au basket-ball.

Vous _____

_____

Anne et Robert _____

_____

Ils _____

_____

Les garçons _____

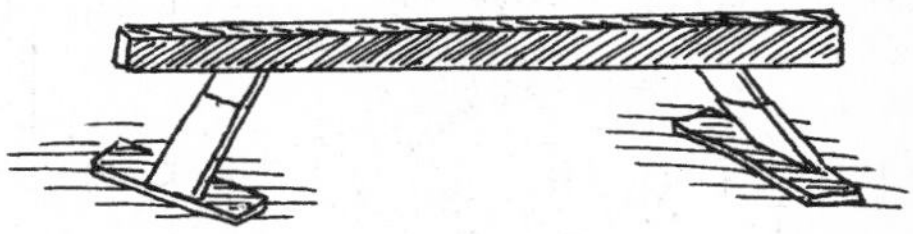

_____

Je _____

_____

Tu _____

_____

Marc _____

_____

Je _____

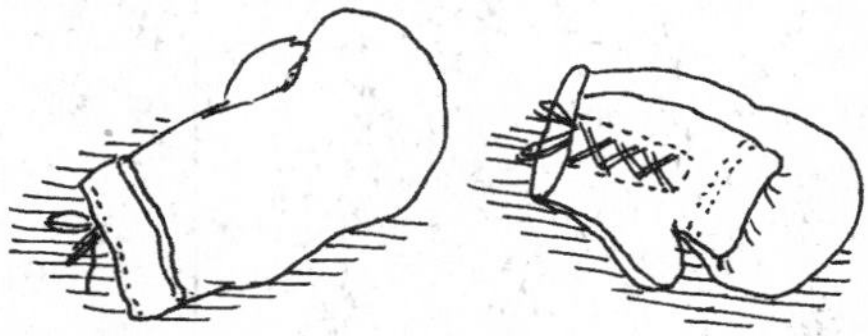

_____

Vous _____

_____

Vous _____

_____

0-88012-994-8

Où est-ce qu'on va pour acheter . . . ?
Where do you go to buy . . . ?

. . . des pâtisseries?

J'achète des pâtisseries à **la pâtisserie.**

. . . du pain?

J'achète du pain à **la boulangerie.**

. . . du lait, du beurre?

J'achète du lait, du beurre et du fromage à **la crèmerie.**

. . . de la viande?

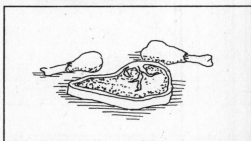

Je vais à **la boucherie** pour acheter de la viande.

. . . des sandwiches?

Je vais à **la charcuterie** pour acheter des sandwichs.

. . . toutes les choses?

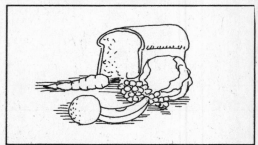

Je vais au **supermarché** pour acheter toutes les choses.

0-88012-994-8

Répondez aux questions.

Qu'est-ce que tu achètes à la pâtisserie?

J'achète des pâtisseries à la pâtisserie.

Où est-ce que Marc achète toutes les choses?

Marc achète toutes les choses au supermarché.

1. **Qu'est-ce qu'elles achètent à la boulangerie?** _____

   _____

2. **Qu'est-ce que vous achetez à la crèmerie?** Nous_____

   _____

3. **Où est-ce que Madame Laporte achète des sandwichs?** _____

   _____

4. **Qu'est-ce qu'il achète à la boucherie?**

   _____

   _____

5. **Où est-ce qu'ils achètent de la viande?** _____

   _____

6. **Où est-ce que tu achètes du pain?**

   _____

   _____

Combien coûte . . . ?
How much is . . . ?

To ask how much something costs, the verb **coûter** (to cost), is used with **combien** (how much).

> **Example: Combien coûte ce disque?**
> **Il coûte 20 francs.**

There is a sale at your favorite clothing store. This is great because you have several birthday gifts to buy. Ask the salesperson how much the items in parentheses cost. Write her response using the price in parentheses.

(socks) Combien coûte les chaussettes?

(50) Elles coûtent cinquante francs.

1. **(shorts)** _____

   (248F) _____

0-88012-994-8

2. **(ties)** _____

   (75F) _____

3. **(dresses)** _____

   (365F) _____

4. **(pants)** _____

   (289F) _____

5. **(swimsuits)** _____

   (310F) _____

6. **(sunglasses)** _____

   (95F) _____

7. **(shirts)** _____

   (149F) _____

8. **(tennis shoes)** _____

   _____

   (660F) _____

   _____

0-88012-994-8

Le Plan
Layout

Voilà le plan d'une maison à Paris. La famille Dupont va habiter à la maison. M. et Mme. Dupont ont deux fils et une fille. La fille a un chat et les fils ont deux chiens.

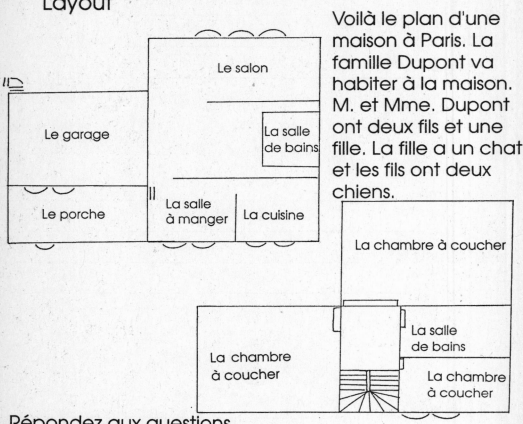

Répondez aux questions.

1. **Combien de chambres à coucher est-ce qu'il y a dans la maison?** _____

_____

2. **Est-ce qu'il y a un salon dans la maison?** _____

_____

3. **Combien de chiens vont habiter à la maison?**

_____

4. **Est-ce qu'un chat va habiter à la maison?** _____

_____

5. **Combien de personnes vont habiter dans la maison?**

   _____

6. **Est-ce qu'il y a une cuisine dans la maison?**

   _____

7. **Combien de salles de bains est-ce qu'il y a dans la maison?** _____

   _____

8. **Est-ce que la famille a trois chiens?**

   _____

9. **Est-ce que M. et Mme. Dupont ont cinq enfants?**

   _____

10. **Est-ce qu'il y a escalier dans la maison?**

    _____

11. **Combien de filles vont habiter dans la maison?**

    _____

12. **Combien de portes est-ce qu'il y a dans la maison?**

    _____

13. **Est-ce qu'il y a un garage dans la maison?**

    _____

14. **Est-ce qu'il y a un porche dans la maison?**

    _____

0-88012-994-8

Le Dialogue

Lisez le dialogue et répondez aux questions.

Jean-Paul: Bonjour!

Marie-Claire: Bonjour! Comment t'appelles-tu?

J.P.: Je m'appelle Jean-Paul. Et toi?

M.C.: Je m'appelle Marie-Claire.

J.P.: Où est-ce que tu habites?

M.C.: J'habite dans une maison à Paris avec mes parents, mes deux frères, ma soeur et mon chat. Où habites-tu?

J.P.: J'habite dans un appartement à Paris avec ma mère, ma soeur et nos deux chiens.

M.C.: Quel âge as-tu?

J.P.: J'ai quinze ans. Et toi?

M.C.: J'ai quinze ans aussi.

J.P.: Est-ce que tu as soif?

M.C.: Oui. J'ai besoin de thé.

J.P.: J'ai soif et j'ai faim aussi. J'ai besoin d'un sandwich.

M.C.: C'est ton vélo?

J.P.: Oui, c'est mon vélo. On y va! (Let's go!)

1. **Où est-ce que Jean-Paul habite?** _____

   _____

2. **Est-ce qu'il habite dans une maison?** _____

   _____

3. **Est-ce que Marie-Claire habite dans une maison?**

   _____

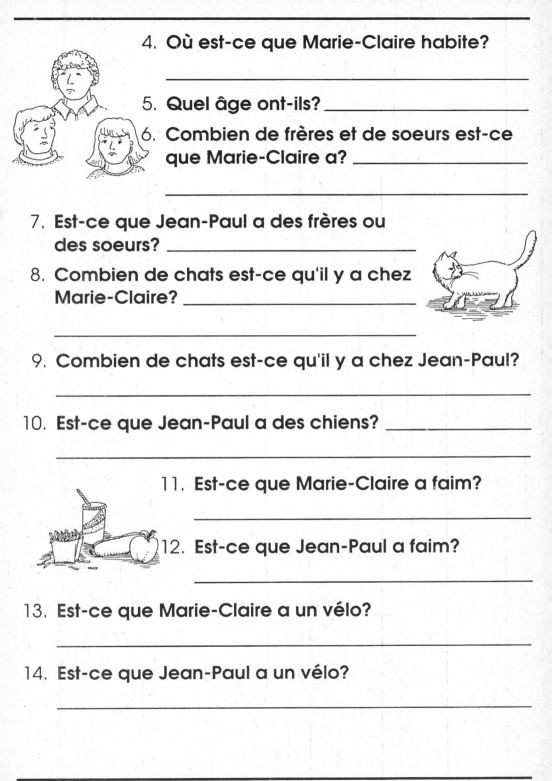

4. **Où est-ce que Marie-Claire habite?**

   _____

5. **Quel âge ont-ils?** _____

6. **Combien de frères et de soeurs est-ce que Marie-Claire a?** _____

   _____

7. **Est-ce que Jean-Paul a des frères ou des soeurs?** _____

8. **Combien de chats est-ce qu'il y a chez Marie-Claire?** _____

   _____

9. **Combien de chats est-ce qu'il y a chez Jean-Paul?**

   _____

10. **Est-ce que Jean-Paul a des chiens?** _____

    _____

11. **Est-ce que Marie-Claire a faim?**

    _____

12. **Est-ce que Jean-Paul a faim?**

13. **Est-ce que Marie-Claire a un vélo?**

    _____

14. **Est-ce que Jean-Paul a un vélo?**

    _____

 0-88012-994-8

Les Mots Croisés

Use the clues below to solve the crossword puzzle on page 71.

Horizontalement

4. _____ **coûte ce disque? Il coûte 50F.**
5. translate: There is/There are _____
7. indicate the future – **Nous** _____ **aller à la page.**
8. How are they? – **Comment** _____ **ils?**
9. **Nous** _____ **du camping.**
12. his brothers – _____ **frères**
13. The weather is nice. – **Il fait** _____ .
15. **Quel âge** _____ **– vous?**
16. translate: window – **la** _____

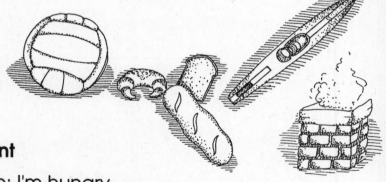

Verticalement

1. translate: I'm hungry. _____
2. **Je** _____ **au volley-ball.**
3. **Vous** _____ **du ski.**
6. **J'achete du pain à la** _____ .
8. **Qu'est-ce que tu achètes à la boucherie? la** _____
10. translate: fireplace/chimney – **la** _____
11. Write the correct form of "some." _____ **chocolat**
14. **Quel temps** _____ **– il?**

0-88012-994-8

Did you know . . .
Montreal ranks second in population to Paris among the French-speaking cities of the world?

Révision
Review

floor – _____

carpet – _____

bedroom – _____

butcher shop – _____

à + le = _____   à + les = _____

to go – _____ to need – _____

some water – _____ our books _____

to do dishes – **faire la** _____

to play hockey – _____ **au hockey**

to go camping – _____ **camping**

It is cold. **Il fait** _____

It is raining. **Il** _____

deli – _____

to cost – _____

how much – _____

to have – _____

closet – _____

bathroom – _____

refrigerator – _____

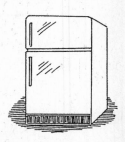